3

デスマッチ・ドラゴンは死なない

伊東竜二

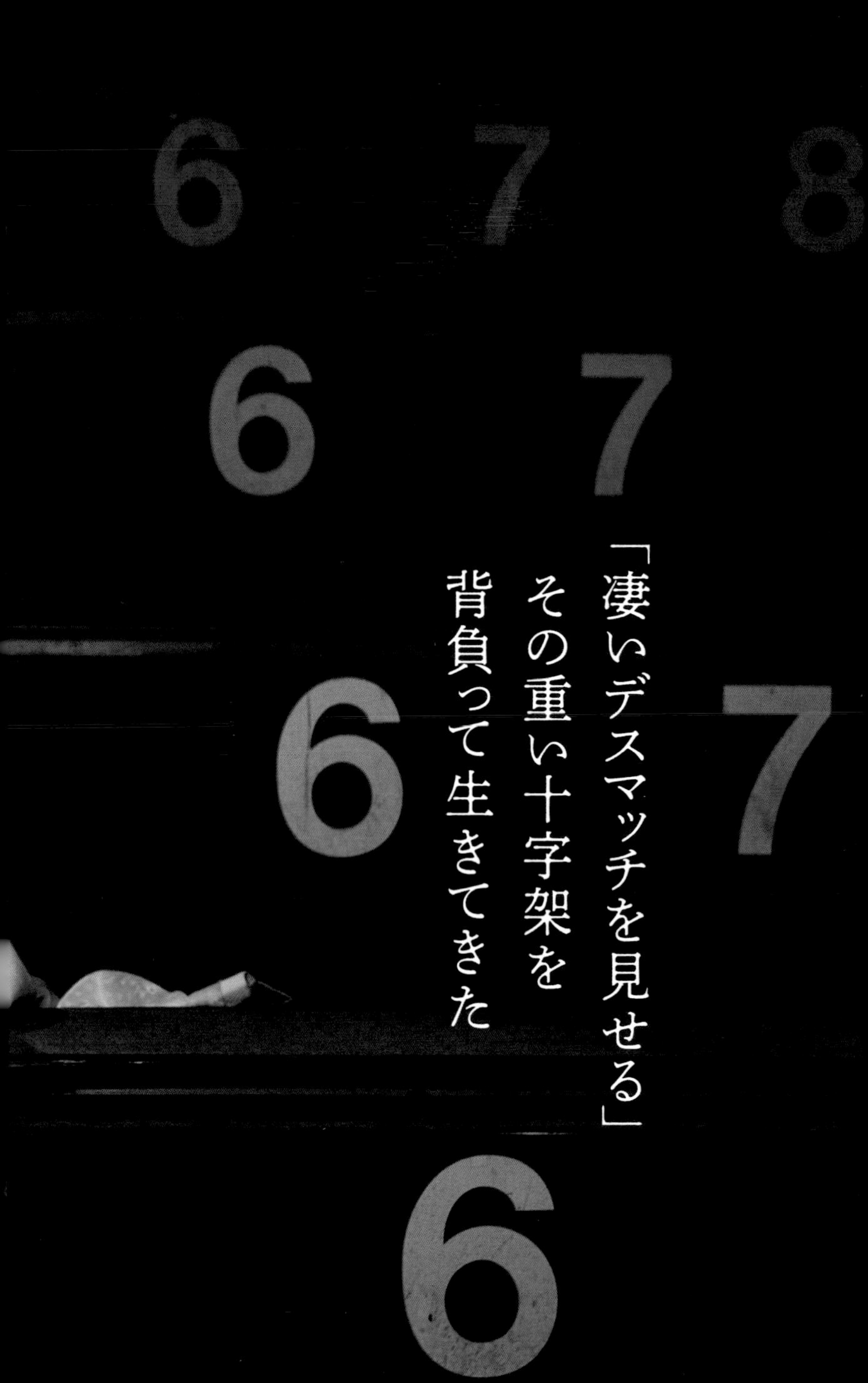
「凄いデスマッチを見せる」
その重い十字架を
背負って生きてきた

4
5
3
5
5
4

たとえ何度倒れても
リスクをおそれず
次のステージに進む。
まだ道半ばにも
至っていないのだから。

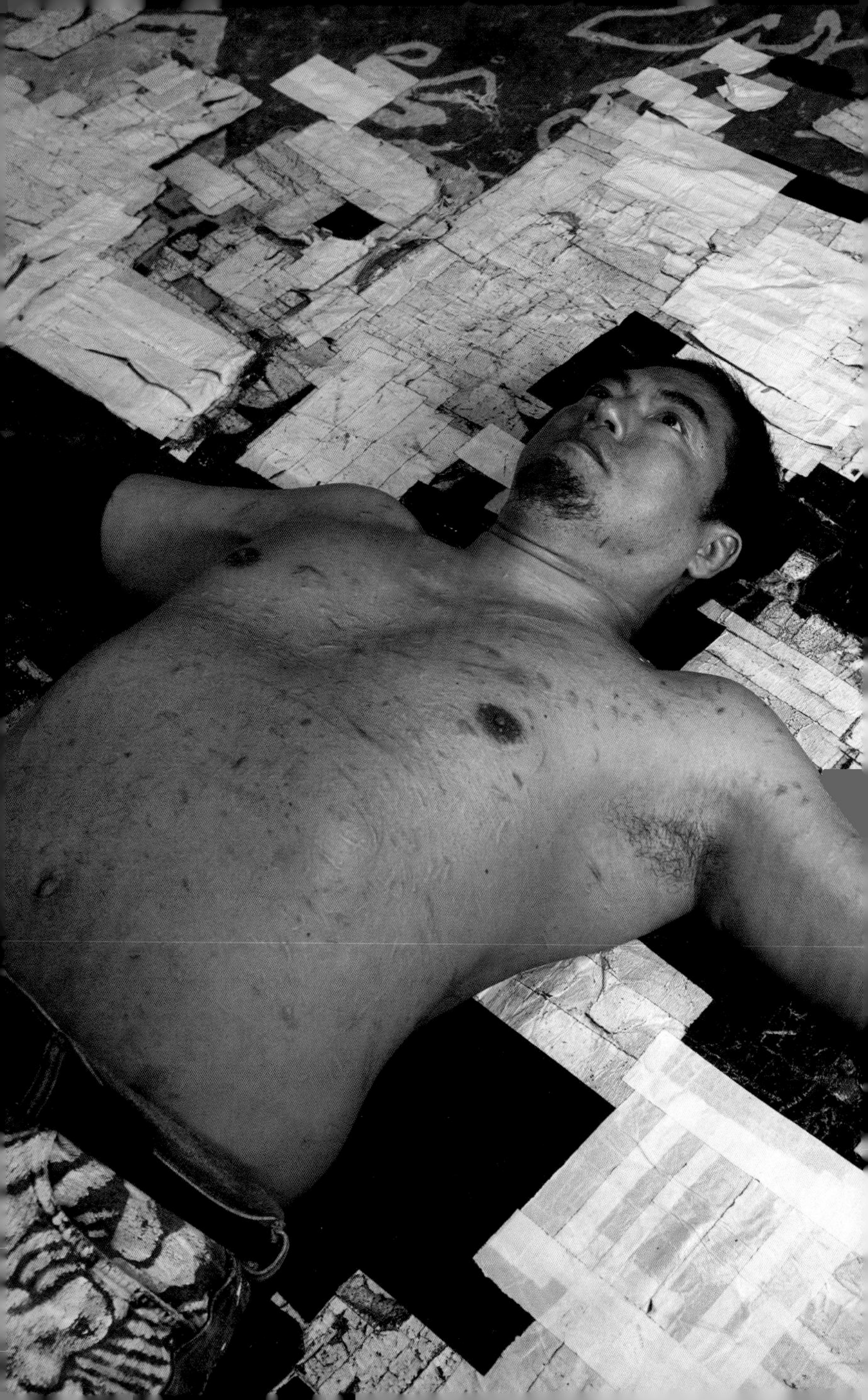

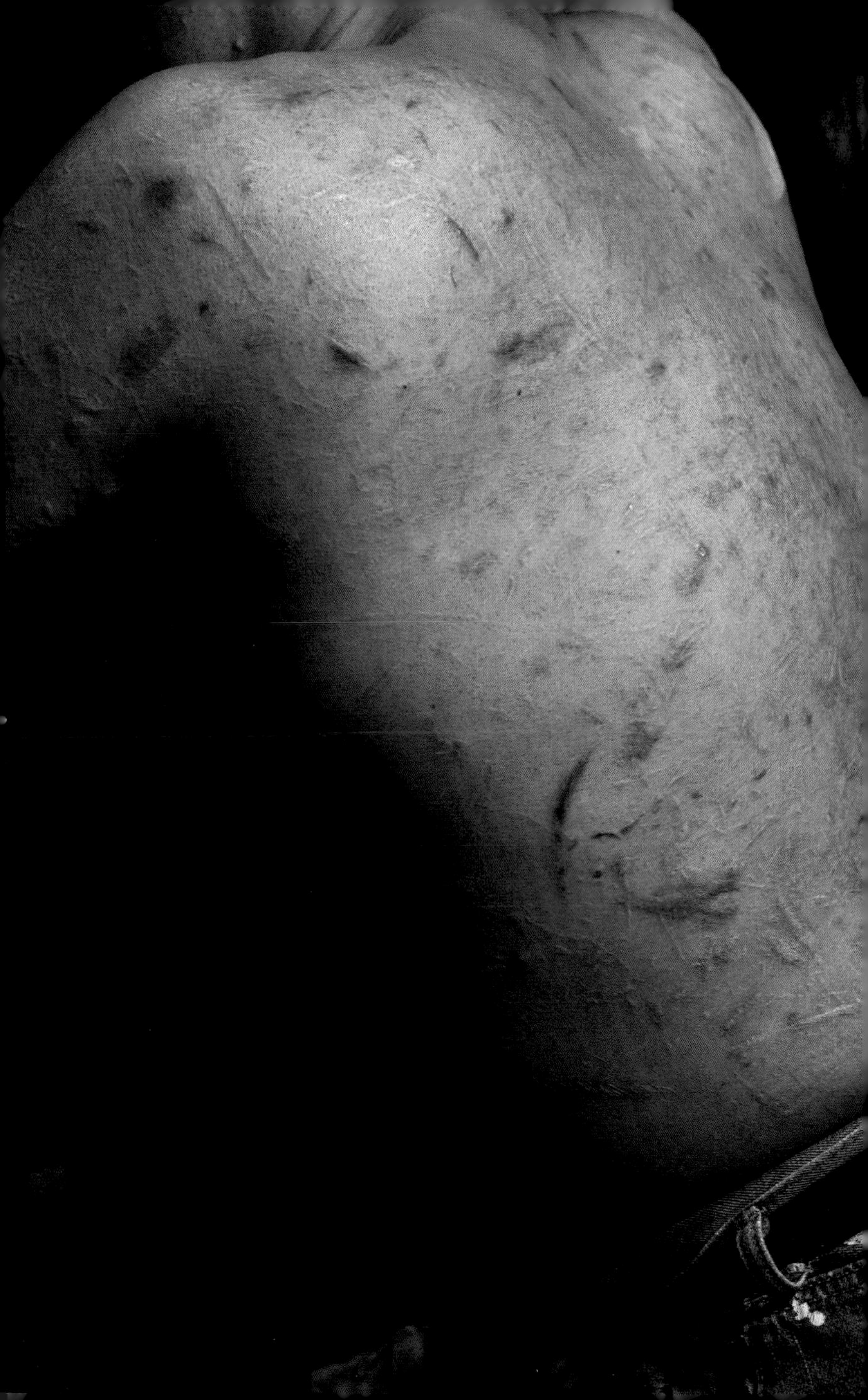

天職、
デスマッチファイター

デスマッチ・
ドラゴンは

死なない

伊東竜二

はじめに

「伊東選手はどうしてデスマッチを続けているんですか?」

たまにそんな質問をされることがあるが、これはなかなかの難問である。

デスマッチを始めて今年で13年。おそらくこれまでに500試合以上のデスマッチを闘ってきた。おかげで自分の体は表も裏も傷だらけだ。

何百試合デスマッチを重ねてきても、蛍光灯の破片で切れれば痛いし、有刺鉄線が刺されればやはり痛い。画鋲や剣山や五寸釘ボードも同じだ。

たぶん冒頭の質問をした人は、「どうしてこんなワリが合わないことを、何年も続けているのだろう?」という疑問もあるのだろう。

だからといって、デスマッチを辞めたいと思ったことは一度もない。痛いとかキツいは試合の度に感じているが、つらいと思ったこともない。では、好きでやっているのかと言われれば、そう単純な話でもないような気がする。

自分にとってのデスマッチは好き嫌いで語れるものではない。もっと言えば好きだからという理由だけで、13年以上も続けることができるものでもない。

ただひとつ確かなことは、自分はプロレスラーになって、さらにデスマッチという特殊な試合形式と巡り合ったことで、思い出してもゾクゾクするような、命を削り合うような闘いを経験してきたということだ。

その結果として、多くの方に伊東竜二の名前を知っていただき、こうして自伝を書く機会まで得ることができた。

これは非常に幸いなことである。プロレスが、そしてデスマッチが、他の仕事では何の役にも立たなかったであろう、自分の才能を開花させてくれたのだ。

その上で冒頭の質問に答えるならば、「デスマッチは自分の仕事だから」という答えが、最もしっくり来るような気がする。それも単に報酬を得るための手段ではない。〝天職〟とでも呼ぶべきものだ。

「天職、デスマッチファイター」

自分が日々の糧《かて》を得ている仕事を、〝天職〟と言い切れる人間など滅多にいないだろう。だとすれば自分はとてつもない幸せ者である。

では、そろそろ本編に入ることにしよう。伊東竜二はいかなる生い立ちの人間で、どうやってプロレスラーになり、そしてデスマッチファイターという天職を得たのか？　最後までご拝読をいただければ幸いである。

デスマッチ・ドラゴンは死なない　目次

［第2章］── 97

チャンピオンの栄光と挫折

【第3章】デスマッチ群雄割拠

[第４章] 大日本プロレスの新時代

［第1章］

デスマッチ・ドラゴン誕生

原点となった滝沢村での日々

思い返してみれば、自分が高校3年まで生活していた滝沢村《たきざわむら》（岩手県）は、なんとも掴みどころのない土地だった。

まず村と名乗っているのに人口が多い。自分が高校を卒業する頃には、なんと5万人近くが住んでいた。実際、それまで人口日本一だった沖縄の豊見城《とみぐすく》村が、２００２年に市になってからの10年ちょっとは、日本一人口が多い村だったそうである。

かといって大きな企業や、有名な観光地があったワケではない。すぐ隣にある岩手県の県庁所在地、盛岡市のベッドタウンとして人が集まってきたのだ。

ちなみに村内の大釜駅から電車に乗ると、次が盛岡駅で乗車時間は約5分。だから親の職場も、子供が通う高校も、家族で遊びに行くのも盛岡市というのが、滝沢村住人の典型的なライフスタイルだった。

普通、このような土地柄ならば、平成の大合併で盛岡市と合併するか、「そろそろいいだろう」と市になりそうなものだ。

ところがこの村には妙に頑固なところがあって、盛岡市との合併話も断り続け、かといって市や町になるでもなく、村の看板を守り続けた末に、ようやく２０１４年になって、日本一人口の多い村の座を返上し滝沢市となった。

そんな滝沢村で自分は４人家族の次男として育つ。材木店に勤務していた父をはじめ、母も兄もごくごく普通の人たちだった。

こうして自伝を書くにあたって、子供の頃の家族に関する記憶を掘り起こしてみたのだが、皆さんに紹介したいような、ドラマチックなエピソードは思い出せなかった。

もっとも、今の年齢になって思い知ることとなるが、ドラマチックな出来事というのは、その時の本人にとっては苦しく不幸な経験であることが多い。そういう意味では自分は幸せな子供時代を過ごしたのだろう。

人口が増え続けるベッドタウンだったので、常にどこかで新築の家が建てられていたが、それでも盆地に畑と林が延々と連なる滝沢村は、子供にとって遊ぶ場所には不自由しない土地だった。

そんな滝沢村で生まれ育った自分が、どのようにしてプロレスと出会ったのか？　自分自身のプロレスラーとしての原点を探る意味でも、そのあたりから思い起こしていきたいと思う。

野球の「埋め合わせ」でプロレスと出会う

１９７６年生まれの自分は、子供の頃に地上波テレビの中継を通じてプロレスと出会った最後の世代ではないだろうか。現在も新日本プロレスは地上波で放送されているが、時間帯が深夜ということもあって、子供がプロレスと最初に出会う機会にはなりにくい。しかし、自分たちの世代までの子供の大半は、ゴールデンタイムに放送されていたテレビ中継を通じてプロレスと出会ったはずだ。ただ自分の場合は、プロレスとの本格的な最初の出会いは、小学１年生の時の生観戦だった。

といっても、当時の自分や親が特にプロレスが好きだったワケではない。最初は岩手県営球場で年に一度開催されていた、プロ野球の試合を観に行くはずだったのだ。

ところがその年は巨人の試合が行われたため、出遅れた父はチケットを入手し損ねてしまった。特にプロ野球が好きだったワケではないが、小学１年生だった自分にとっては、滝沢村よりもはるかに賑やかな、盛岡に行けること自体が一大イベント。それが中止になってしまったのだから、それはそれはガッカリしてしまった。

そんな自分に申し訳なさを感じたのか、それとも自分も何かしら理由をつけて、盛岡で非日常を味わいたかったのか、父は少し後に開催された新日本プロレスの岩手県営体育館大会に、私を連れて行ってくれたのだ。

私が小学1年生の時だから1983年。季節は秋だったと思う。ただ、そもそもプロレスに興味がない小学1年生なのだから、新日本プロレスと全日本プロレスの違いもわからない。だから当時の新日本所属選手で、名前を知っていたのは、アントニオ猪木さんとタイガーマスク（初代）くらい。

しかも子供心に一番興味があったタイガーマスクは、この年の夏に突如退団していたので、この大会には出場していなかった。おまけにタイガーマスク退団後には、クーデター騒動もあったので、今になって思えば新日本プロレスとしては、かなり大変な時期の大会だったことになる。

もっとも、そんなことは知る由もない当時の自分は、目の前で試合をしているのが誰だかわからないながらも、「みんな大きいなぁ、凄いなぁ」とひたすら圧倒された。ただ、今から思えばあの時の興奮は、あくまで非日常の空間にいたことによるもので、プロレスの面白さや魅力は、まだ理解できていなかったようだ。

それでも翌週から、当時の岩手では深夜に放送されていた、新日本プロレスの中継を録画するようになる。プロレスの魅力に目覚めたからではない。「もしや自分も映っているのでは？」と、期待してのことだった。

地方在住の小学1年生にとって、自分の姿が一瞬でもテレビに映るなんて、人生を変えてしまいかねない一大事である。しかし翌週も次の週も、盛岡大会は放送されない。

後から知った話だが、そもそも盛岡大会はテレビ収録がなかったのだ。もっとも、仮に盛岡大会がテレビで放送されて、運よく自分の姿が映っていたとしても、それでプロレスにハマったとも思えない。自分が本当の意味でプロレスの魅力に目覚めるまでには、この時の初観戦から約3年余りの月日を待つこととなる。

反骨心むき出しのレスラーを応援する

自分が本当の意味でプロレスファンとなったのは、小学校4年生の時だから1986年。この前の年から全日本プロレス中継が、土曜の夜7時から放送されるようになったことが、最大のきっかけだった。

小学生男子にとっての土曜7時は、すでに風呂にも入ってご飯も食べ終わり、8時から始まる「8時だヨ！全員集合」や、その後に始まった「加トちゃんケンちゃんごきげんテレビ」を、テレビの前に座って待ちわびている時間帯。

この時間帯に中継が始まったことによって、生まれて初めてプロレス中継を毎週観るようになった自分は、プロレスの魅力に目覚めることとなる。

しかも当時の全日本プロレスは、小学生の自分にもわかりやすくて面白かった。タイミング的にはジャイアント馬場さんから、ジャンボ鶴田さんと天龍源一郎さんの、ツートップ体制に移行しつつあった時期。鶴田さんと天龍さんはタッグを組みつつ、激しいトップ争いも繰り広げる関係だった。

スタン・ハンセンやロード・ウォリアーズをはじめとする、大きくて強い外国人選手たちも個性豊かで魅力的だったし、2代目のタイガーマスクもカッコよかった。

そんな当時の全日本で自分が応援していたのが、新日本から殴り込んできた、長州力さん率いるジャパンプロレス軍。長州さんたちの攻撃的なプロレスと反骨心は、10歳の自分を強烈に引きつけた。長州さんたちが勝てば手を叩いて喜び、負ければ「ちくしょう！」と声を上げて悔しがった。

後の自分のプロレス人生を考えると、正規軍だった鶴田さんや天龍さんよりも、長州さんの反骨心が魅力的に思えたのは、ごくごく必然的なことだったのかもしれない。

この年の秋に長州さんたちが新日本に戻ってからは、天龍さんが阿修羅・原さんと結成した、天龍同盟を応援するようになる。この後もプロレスファンとしての自分は、常に主流よりは反主流の側を応援してきたが、それは子供の頃からのことだったようだ。

しかし、プロレスに夢中になっていた日々は、小学6年になる前の春休みに、唐突に終わりを迎えることとなる。全日本プロレスの中継が、日曜日の深夜に移行してしまったのだ。翌日が休みの土曜ならまだしも、日曜の深夜では小学生が毎週観るのは厳しい。

前述したように、すでに我が家にもビデオデッキはあったが、アナログ時代とあって予約の手間もかかり、ビデオテープも子供にとっては高価だったため、録画してまで観続けようとは思わなかった。

こうして放送時間変更によって、燃え上がった自分のプロレス熱は、再度の放送時間変更によって、あえなく鎮火してしまうこととなる。

昭和のプロレスは地方在住の子供にとって、テレビの視聴環境次第で、近くなったり遠くなったりするものだったのだ。

辰吉の人生に魅了されて志望校を決める

中学生になった自分はバレー部に入部する。かといってバレーが好きだったワケではない。中学入学の時点で170センチを超えていた身長を活かすには、バレーかバスケットだろうと考え、何となくバレーの方が向いているように思えての入部だった。そんな感じで、決して大好きで始めたバレーではなかったが、かといって練習をサボるでもなく、そこそこ真面目に取り組んだ。勉強の方も同じような感じで、優等生ではないが劣等生でもないレベル。

子供時代と同じように、自伝を書くにはネタに事欠く、平穏無事ではあるものの、盛り上がりには欠ける日々が、3年の夏休み明けまで続く。

ところが夏休みが終わって、そろそろ高校受験も気になり始めた9月に、自分の心は久しぶりに芯から燃え上がることとなる。ただ、燃え上がらせてくれたのは、プロレスラーではなくボクサーだった。

1991年9月19日、辰吉丈一郎が王者のグレグ・リチャードソンをTKOで破って、WBC世界バンタム級王座を奪取したのだ。プロデビューからわずか8戦目の世界王座奪取は、当時の日本記録だった。

あくまで倒すことを狙って、パンチを出し続ける攻撃的なボクシング。そして、貧しい暮らしから己の拳《こぶし》を武器に、父親との二人三脚で世界の頂点に駆け上がった、あまりにもドラマチックな辰吉の人生は、中学3年生の自分を魅了する。こうして辰吉信者となった自分は決意する。

「男ならボクシングだ！」

しかし、残念ながら近所にはボクシングジムはない。ならばとボクシング部があり、通学が可能な高校はないかと調べていくと……あった！　盛岡南高校。自宅からの通学も可能だし、公立なので学費で親に負担をかけることもない。ランク的にも自分の学力と頃合いだ。

よし、決めた！　俺は盛岡南高校でボクシングを始めて、辰吉丈一郎を目指す！

動機が何であれ明確なモチベーションが生まれれば、受験勉強にも気合いが入る。頃合いの学力ランクとはいえ、油断して不合格になってしまっては、辰吉丈一郎になる道は断たれてしまう。何はともあれ盛岡南に合格しなければ！

そのような感じで本格的にスタートした受験勉強は、思わぬ副産物を生み出してくれた。日付も変わった深夜に勉強を終えて、寝る前に何げなくスイッチを入れたテレビに、全日本プロレス中継が映し出されたのだ。

久しぶりにテレビで観た鶴田さんは、以前よりも一回り大きくなって、さらに強そうになっていた。そんな鶴田さんに立ち向かっていたのが、三沢光晴さん率いる超世代軍。自分が小学生の頃は2代目タイガーマスクだった三沢さんは、前の年にマスクを脱ぎ捨てて、素顔で闘うようになっていたのだ。

そんな三沢さんとともに超世代軍を結成していたのが、当時はまだ20代だった川田利明さんや小橋建太（当時は健太）さんたち。体も大きくて怪物みたいに強かった鶴田さんや外国人選手に立ち向かっていく超世代軍の姿を、毎週日曜の深夜に観ているうちに、気が付けばプロレスへの情熱が再燃していた。

つまりボクシングをやるための受験勉強が、プロレスと再会させてくれたワケである。そして再会を果たしたプロレスとは、今度は二度と疎遠になることなく、ご存知のように現在では自分の職業となっている。だとすれば辰吉丈一郎がいたからこそ、伊東竜二というプロレスラーは生まれたのかもしれない。

ただ、この時点ではプロレスラーになりたいとは、まったく思っていなかった。なりたかったのは、あくまで辰吉丈一郎だったのだ。

そして翌春、自分はめでたく合格した盛岡南高校に入学する。

厳しい練習は「全力で動く6分間」のため

念願かなって入学した盛岡南は、公立校としてはいささか変わった高校だった。自分が入学したのは普通科だったが、もう一つ体育科があったのだ。おそらく優秀な中学生アスリートの県外流出防止を目的として設立されたのだろう。

当然のように運動部の活動は活発で、多くの部が県内でトップクラスの成績を収めていた。とりわけバスケットボール部からは、男女ともに何人かのプロ選手も輩出している。

自分が入部したのはもちろんボクシング部。このボクシング部も県内では屈指の強豪だった。ただ、そもそもボクシング部がある高校が少なく、岩手県ではそれこそ指折り数えることができるほど。だから岩手県の高校ボクシング部は、大抵が県内屈指の強豪と考えることもできた。

それでも我が盛岡南ボクシング部は、屈指の強豪の中でもトップ争いをするレベルで、当時は毎年のように県大会に優勝して、インターハイに出場する選手がいた。卒業後もプロや大学でボクシングを続ける選手も多く、ＷＢＣ世界スーパーフライ級王者になった、佐藤洋太もこのボクシング部の出身である。

さて、まったくの初心者として入部したボクシング部だったが、実際に始めてみると、予想していたよりもずっとハードだった。

プロと違ってアマチュアのボクシングは、相手に与えたダメージよりも、ヒットさせたパンチの数で勝敗を決する。だから同じボクシングでも、プロとアマは異質な競技と考えていい。勝つためには、倒すためのパンチよりもより多く確実に当てるためのパンチを身に付けなければならない。

多くのパンチを当てて、相手のパンチを当てられないためには、休むことなく動き続けることが求められる。高校ボクシングでは大半の試合が2分3ラウンド。たった6分と思う人もいるだろうが、間に1分のインターバルが2回入るとはいえ、全力で動き続けての6分である。

パンチの技術はもちろんのこと、それ以前に2分3ラウンドの間、全力で動き続けることができなければ勝てない。だから当然のように練習は厳しかった。それでも目標は辰吉丈一郎になることである。

とりわけ夏場は死ぬかと思ったこともあったが、高校生になった自分は必死にボクシングに打ち込んだ。

「あと1勝」でインターハイに届かず

高校時代のボクシング経験が、プロレスラーとして役に立っているかと問われれば、それは微妙なところである。
そもそもプロレスではパンチは反則。自分はここ一番でパンチを使うこともあるが、

あれは反則なしのデスマッチだから許される攻撃であり、あくまで奥の手。

実際、他の格闘技に比べると、プロレスで大成したボクシング経験者は少ない。ボクシングを通じて身に着けた技術そのものは、プロレスではあまり役に立たないと言っていいだろう。

ただ、プロレスでも終盤の勝敗を決する攻防になると、自分の体力が限界を超えた状態で、動き続けることを求められることが多い。

ここでスタミナ切れを起こしたり、気持ちが折れて動けなくなったりするようでは、ここ一番の試合で勝つことはできない。

そういう意味では2分3ラウンドを動き回るための厳しい練習と、その上で体力と精神力の、限界の先が求められる試合の経験は、プロレスラーになってからも有意義なものだった。

また、倒すためではないにしても、相手のパンチと向かい合う経験を通じて、技を真っ向から受けることも求められるプロレスに必要不可欠な度胸も養うことができた。

とはいえ、当時の自分が目指していたのは、あくまで辰吉丈一郎。高校に入ってからもプロレスは観続けていたが、当時は自分がプロレスラーになるとは、頭の隅にも考えていなかった。

さて、ほぼ素人の状態で入部したので、さすがに1年の夏に行われた県大会は出場できなかった。デビュー戦は秋の新人戦のはずだった。

ところがこの新人戦も試合ができなかった。計量で失格になってしまったのだ。減量に失敗して体重をオーバーしたのではない。その逆である。

大会前に体調を崩した自分は、あろうことか規定体重を下回ってしまったのだ。体重オーバーの失格はたまに聞くことがあるが、体重が軽すぎて失格したなどという話は、この時の自分以外には聞いたことがない。選手の安全を考慮してのルールと思われるが、かくして自分の大会デビューは、2年生の県大会まで持ち越されることとなる。

県大会で優勝すれば、運動部の高校生にとって晴れ舞台である、インターハイの出場権を得ることができる。しかも岩手県のボクシングは、インターハイ出場の敷居が比較的低かった。何しろ県内に指折り数えるほどしかボクシング部がないから、選手が少ないミドル級などは、1回戦がいきなり決勝戦。しかも一方の選手が怪我で出場できなくなったため、1試合もすることなくインターハイに出場ということもあった。

自分は比較的選手の多いライト級だったが、それでも3回勝てば優勝して、インターハイに出場することができた。ただ、その3回が簡単には勝てない。1回戦、2回戦と順調に勝ち上がったが、決勝戦で無念の敗退。すごく強いと思っていたら、自分に勝って優勝した選手は、なんとインターハイでも優勝して日本一になった。

負けたのが日本一の選手ならば、自分は日本で2番目の可能性もある。そんな高校生ならではのポジティブ発想で、それまで以上に必死の練習を積んで臨んだ高校3年の県大会だったが、今度は準決勝で負けてしまう。

この時点で自分にはボクシングの才能がない、つまり辰吉丈一郎にはなれないことを思い知らされる。もはやボクシングを続ける気力は失せていた。

ここで「ボクシングはダメでも、俺にはプロレスがある！」と、1日1000回のスクワットでも始めていれば、自伝的には盛り上がってくるところだ。しかし、前述したように当時の自分にとっては、あくまでプロレスは観て楽しむものだった。

高校3年なので進路も決めなければならないが、特にやりたい仕事もなかったし、卒業してすぐに働く気にもなれなかった。そこで大学進学を考えるようになるが、特に勉強したいことがあったワケでもない。そんな消極的な理由の大学進学なので、親の学費負担はできるだけ軽くしたかった。

かといって、これから年明けまで必死に勉強しても、学費の安い国公立大学の合格は不可能に思えた。

ところが、捨てる神あれば拾う神あり（ちょっと違うか……）。どうしたものかと進路指導室で、大学の資料をあれこれ調べているうちに、「ここなら合格できるかも？」という、国立大学を発見することができたのだ。

得意の数学を武器にする戦略的受験

「伊東選手は国立大学出身なんですよね。すごいですねぇ」

デビューから現在に至るまで、繰り返しこんな賞賛の言葉を頂いてきた。褒めて頂けるのはありがたいのだが、その度に申し訳ない思いをしてきた。

というのも、褒めてくれる方が思っているほど、自分は学力に秀でているワケではないからだ。もっと言えば大学で過ごした3年間は、自分にとって思い出すのも恥ずかしい日々だったりもする。しかし、敢えて自分の恥をさらして読んで頂くのも、わざわざ自伝を購入して頂いた皆さんへの誠意というもの。

それでは今まであまり語ったことがない、大学受験から中退に至るまでの、約4年間の日々を振り返っていくことにしよう。

様々な大学の資料や受験情報を読み漁った末に発見した、自分にとってのベストな進学先は、茨城大学の工学部だった。ただし夜間コース、すなわち夕方から夜に講義が行

われる、本来は働きながら学ぶことを志す、勤労学生の皆さんのために設けられたコースである。

ここを本命と決めた理由はいくつかある。まず国立大学だが夜間ということもあって、自分でも頑張れば合格できそうな偏差値だったし、受験科目も少なかった。しかも最も得意だった数学の点数が、他の科目の2倍となる。これで合格の可能性は一気にアップする。ちなみにセンター試験の数学の得点は、200点満点で168点。自分にとって数学はパズルのようなもので、楽しんで学ぶことができたし、好きこそ物の上手なれで得意科目だったのだ。

しかも国立大学の夜間コースなので、学費が非常に安かったのも大きな魅力だった。何しろ消極的な理由の進学なので、親にかける負担は少ないに越したことはない。

ただ、高校受験の時と同じように、不合格になっては話にならないので、人並みに受験勉強は頑張った。その甲斐あってめでたく合格。生まれて初めて故郷を離れた自分は、茨城県の日立市にある大学のすぐそばに部屋を借りて、これまた生まれて初めての一人暮らしを始めた。

夜間コースだったがバイトはしなかった。体育会系の運動部はもちろん、サークルにも入らなかった。昼間はブラブラと過ごして、夕方になると大学に行って講義を受ける。

こんな生活なので友達もできなかったが、孤独には強い性格なのか、苦になることはなかった。一人暮らしも考えていたより快適で、生活費を節約するために自炊もマメにしていた。

こうして振り返っても、まずまず順調な大学生活のスタートだったと思う。ただ、順調だったのは最初の夏休み前までの話だった。

健康には気を付けていた3年間の「怠惰」

大学の夏休みは長い。大学にもよるが、茨城大学の夏休みは2カ月もあった。しかも高校までと違って宿題が出ない。つまり休み放題の遊び放題、あらゆる義務から一切解放された、人生で経験したことがない2カ月だったのだ。
この2カ月間、暑さを逃れるためもあって実家に戻った自分は、下宿先では必要だった炊事や洗濯からも解放され、長い長い自由を満喫する。
そんな長い夏休みが9月になって終わりを迎え、実家から下宿先の部屋に戻ったのだが……。
9月以降の自分は、まったく講義に出なくなってしまう。下宿から大学は目と鼻の先なのに、講義が始まる時間になっても、腰を上げる気になれない。「どうして？」と問われれば、「面倒だったから」としか、今でも説明のしようがない。要するに夏休みを自主的に延長してしまったのだ。

これが高校までなら、学校側から何か連絡があるだろうが、茨城大学は良くも悪くも学生の自主性を重んじていたようで、呼び出しを受けることもなかった。それを良いことに、自分の夏休みは延々と延長され続けた。

普通はこういう状態になれば、「どうせなら小遣いでも稼ぐか」と思い立ちそうなものだが、自分はバイトさえしなかった。いわゆる引きこもり状態である。

起きていた時間の大半は、最もお金がかからない娯楽であるテレビ視聴に費やした。かといって生活自体はそんなに荒れることなく、近所の運動公園でランニングをしたりして、怠惰《たいだ》な生活なりに健康維持には努めた。普通なら自分の状況に、焦ったり悩んだりしそうなものだが、そういうこともなかった。

あの3年の日々については、今でも上手く説明できない。幼虫が成虫になるための、サナギのような期間だったと考えてくれる人もいるかもしれないが、そんな前向きでカッコいいものでもなかっただろう。

そんな感じで自主延長を繰り返した超特大夏休みだが、ついに終わりを迎える時が来た。3年生の前期試験が終わった後（当然、一科目も受けていない）に、大学から出頭命令が届いたのだ。

茨城大学工学部夜間コースは、学費さえ払っていれば3年までは無条件で進級できた。しかし卒業を控えた4年に進級するためには、相応の単位取得が必要だったのだ。

1年生の時の3カ月しか講義に出ておらず、試験さえも受けていなかった自分は、当然のように単位は一つも取れていない。

そんなヤバい学生がいると知って、さすがに大学側も放ってはおけなかったのだろう。出頭命令に応じて約3年ぶりに大学に行くと、教務課の職員の人と自分の担当の教授が待っていた。職員の人はもちろん、教授ともおそらく初対面だったと思う。そんな2人から自分の現状を説明される。

まず、単位を一つも取得してしない自分は、4年生に進級することができず、4年での卒業は不可能。さらに春から真面目に講義に出て、順調に単位を取得したとしても、卒業までに最低で3年かかることを告げられる。自業自得とはいえ、この現実にはさすがにショックを受けた。

サボりまくった末に、最短でも卒業に6年もかかってしまったぐうたらを、卒業後に採用してくれるような、物好きな会社があるとも思えない。ましてやまったく言い訳の余地がない理由による留年に、最低でも2年分の余分な学費を出してくれなどと、親に対して頼むことなどできない。

もはや大学は辞めるしかない。では辞めてどうするのか？　数年ぶりに頭を振り絞った末に出てきたのは、我ながら唐突にもほどがある答えだった。

だったらプロレスラーになろう。

1998年夏、自分はプロレスラーになることを決意した。

「だったらプロレスラーに」という思考

中学3年の受験勉強中に再会して以来、プロレスはずっと観続けていた。いや、むしろプロレス熱は年を追うごとに過熱していた。

当時は新日本も全日本も、放送は深夜になっていたが、翌日の朝のことなど気にしなくていい生活が続いていたので、放送が何時に始まって何時に終わろうが関係ない。

さらに大学生になってからは、週刊プロレスも毎週買うようになった。週プロが新日本から取材拒否を受けていた時期は、週刊ゴングも買っていた。時間はあり余るほどあるので、週プロもゴングも穴が開くほど熟読した。

居住地である日立市では、プロレスの興行が滅多に行われないし、バイトをしていなかったのでお金もないため、会場で観戦することはなかったが、それでも当時の自分は、かなり熱心なプロレスファンだった。

もはやまっとうな人生が歩めそうにないなら、大好きなプロレスにチャレンジしてもいいのではないか？　いや、チャレンジするべきだろう！　もちろんプロレスが厳しい世界で、成功の保障などないこともわかっていた。しかし、もしダメでもまだ若いのだから、何とでもやり直しはきくはずだ。

ほとんどヤケクソのように思う方も多いだろうが、当時の状況を踏まえた上で、それなりに合理的な思考の末に行き着いた、自分にとってはベストの選択だった。

さて、プロレスラーになると決めた以上は、入団する団体を決めなければならない。当時の体重は60キロ台でガリガリだったが、幸いにして身長は１８０センチを超えていて、新日本や全日本の入門基準もクリアしていた。

ただ、何しろ健康維持のためのランニング以外は、３年近く運動らしい運動もしていない。高校時代のボクシング経験も、柔道やレスリングほどは役に立ちそうもない。しかも毎週のようにテレビで試合を観ていたからこそ、新日本や全日本は敷居が高く思えた。

ならば目指すはインディー団体。どこか新弟子を募集している団体はないかと、週プロを隅々まで読んでいくと……、あった！　大日本プロレスが新弟子を募集していた。

この時点で、大日本プロレスの大会は、テレビ中継やビデオも含めて一度も観たことがなかった。ただ、大日本所属として新日本に参戦した田尻義博、すなわち現在のTAJIRIさんの試合をテレビで観て、インディーにも新日本の選手たちと、互角に闘うことができる選手がいるのだと衝撃を受けた。

この時点でTAJIRIさんは、すでに大日本を退団していたが、入れ替わるように本間朋晃さんや藤田穣（現・藤田ミノル）さんが台頭していた時期。若い選手にも積極的にチャンスを与えてくれる団体のようだ。

アメリカから熊を呼ぼうとしたり（これは動物保護団体からの抗議で中止に）、ワニやピラニアを使った奇想天外なデスマッチ。

さらには50代半ばを過ぎて、コスプレ姿で闘うグレート小鹿社長（当時）には、「よく次から次へと妙なことを考えつくもんだ」と半ば呆れる部分もあったが、どんな手段を使ってでも、自分たちの存在をファンに伝えたいという、団体としての熱意も感じた。

3年近くの夏休み明けにしては、やると決めたら自分の行動は迅速だった。体力不足は明らかだったので、近くの運動公園で毎日トレーニング。思ったよりも体力の回復は早く、スクワットや腕立て伏せの回数も日に日に増えていった。

こうなったら善は急げとばかり、大日本に履歴書を発送すると、ほどなく入門試験をやるから道場に来いという連絡が来た。

入門試験に合格。反対する両親を説得する

ここまで読んだ方の中には、こんな疑問を抱いた方もいるだろう。

なんで岩手県、それも道場がある滝沢村出身なのに、みちのくプロレスに入門しなかったのか？

もちろん、みちのくも考えた。しかし入門条件を調べてみると、普通免許取得とあるではないか。当時の自分は普通免許はおろか、原付の免許さえ取得していなかったので、そもそも入門条件を満たしていなかったのだ。

そんなこんなで迎えた入門試験当日。下宿していた日立市から、かれこれ4時間以上かけて、大日本道場の最寄り駅である鴨居駅に到着。

当時は地図アプリなどなかったし、そもそも携帯を持っていなかったので、駅前の公衆電話から電話して、道場までの道順を聞いた。それでも初めての土地なので道に迷いながら、どうにかこうにか道場にたどり着いた。

運送会社の車庫を改造した道場は、薄暗くて少し不気味に感じた。現在まで移転することなく、相変わらず薄暗い道場との、これが最初の出会いだった。

受験者は自分一人で、試験官も山川竜司さん一人。挨拶もそこそこに、さっそく試験が始まった。

まずはスクワット500回。スクワットは毎日のようにやっていたが、500回は未経験の領域だったものの、どうにかクリアできた。続く腕立て伏せ、腹筋、背筋も課された回数をクリア。

当時の大日本には一つしかなかったリングは、前日の大会（松永光弘さんがワニと闘った9・23後楽園大会）で使用したため、トラックに積まれたままだったので、リングを使った試験メニューはなかった。これは柔道やレスリングの経験がない自分にとっては、ラッキーなことだった。

決して十分な準備を積んではいなかったが、どうやら自分は試験本番には強いし、運も持ち合わせていたようだ。

こうして1対1の入門試験は終了したが、合格とも不合格とも言われない。さすがに不安になって山川さんに尋ねると、「うーん、たぶん合格だわ。結果は電話で知らせるから」という玉虫色の返事。

その数日後、大日本から合格の連絡が来た。そうと決まれば、まずは親を説得しなければならない。すでに20歳を過ぎていたので、入門に親の許可は必要なかったが、大学も中退する以上は事後報告というワケにはいかない。

さっそく実家に帰って、両親に1年の夏から大日本の入門試験合格までの経緯を説明した。大学に入れてこれで一安心と思っていた息子が、まったく予想外の、それも血迷っているとしか思えないことを言い出したのだから、この時の父と母のショックは、想像に余りある。

当然のように反対された。そして、父は怒鳴るようにこう言った。

「お前、さっき俺たちに言ったことを、親戚一同の前で言えるのか⁉」

父も母も兄弟が多かったので、当然のように親戚の数も多い。父方と母方の親類縁者がいとこまで勢揃いすれば、おそらく50人前後にはなるはずだ。

そんな親類縁者一同の前で、大学中退を決意するに至った経緯と、唐突すぎる大日本プロレス入門を、説明する自分の姿を想像すると、さすがに一瞬たじろいだ。しかし、すぐに気力を振り絞ってこう返した。

「言える！」

この一言で自分の決意は両親にも伝わったようだ。というか、諦めたのだろう。だったら頑張れという話になり、大学の中退も大日本への入門も、渋々ながら認めてくれた。ちなみに親戚一同への説明会は、幸いなことに実現しなかった。

実家から戻ると、すぐに大学中退の手続きを済ませ、最低限の荷物だけ持って大日本の寮へ。入門試験から入寮まで約1週間。3年も続いた夏休み明けにしては、我ながら迅速で手際《てぎわ》も良かったと思う。

こうして1998年10月1日、自分は正式に大日本プロレスに入門した。

非合理的な練習で技術を習得する

自分が入門した時点の大日本は、1995年3月の旗揚げ戦から3年半が過ぎたあたり。最初はケンドー・ナガサキさんと谷口裕一さんの2人しかいなかった所属選手も、自分が入門した頃には、女子部も含めると15人を越えていた。

新弟子として入門した自分は、現在も道場内にある寮住まいとなる。当時の寮で生活していたのは、デビュー順に小林源之助（現・アブドーラ・小林）、本間朋晃、藤田穣、越後雪之丞、葛西純、谷口剛司といった面々。

いずれも大日本に新弟子として入門してデビューした選手たちだ。これに他団体でデビューしたものの、道場の近所に住んでいた山川さんとシャドウWXさんあたりまで、ギャラが毎月の給料で支払われていた、本当の意味での大日本所属選手。

それより上のキャリアのジ・ウィンガー、『神風』、大黒坊弁慶、松崎駿馬、茂木正淑といった先輩たちは、実質的には専属フリーという感じで、顔を合わせるのも試合会場だけだった。

寮には自分たち若手や練習生だけでなく、当時は頻繁に来日していたメキシコ人レスラーたちも、滞在中は寝泊まりしていたので、かなり賑やかだった。

越後さんと谷口さんは自分が入門して、少しすると辞めてしまったが、残ったメンバーはかなり強烈である。こんなメンバーが、現在よりも20歳若くて血の気も多い時に、一緒に生活していたのだから、さぞや無茶苦茶だったと想像する方も多いだろう。

ところが小林さんのイビキが凄まじかったことを除けば、寮生活は予想していたよりも快適だった。先輩たちはリングを降りれば、みんな穏やかな性格で、覚悟していたイジメもなかったし、威張り散らすような人もいなかった。ただし旗揚げの時から道場があった団体だけあって、練習はとても厳しかった。

練習を仕切っていたのは本間さん。当時はまだ喉が潰れていなかった。そして山川さんが本間さんをアシストする。

午前中から始まる練習は、まずはスクワットをはじめとする基礎体力トレーニングをみっちり。すでにデビューしている先輩たちと一緒なので、入門試験の時よりも各メニューの回数も多い。

ちなみに大日本のみならず、多くのプロレス団体の合同練習が午前中から行われるのは、プロレスラーが早寝早起きだからではない。

プロレスの練習では気合いを入れるために大声も出すし、受け身の練習ではかなり大きな音が出る。つまり近隣に住んでいる方々からの、騒音の苦情を避けるためである。

入門当初は基礎体力トレーニングの段階で動けなくなり、昼食の準備に回された。それでもやがて息も絶え絶えになりながら、どうにか先輩たちと同じメニューをこなせるようになると、続くリングを使った練習にも加わるようになる。しかし、本当に大変だったのはここからだった。

柔道やレスリングの経験がない自分にとって、受け身はほぼ初めての経験。しかも、本間さんの指導は自分で手本を見せて、「じゃあやってみろ」という、体で覚えろというタイプ。それでも最初からできてしまう人間もいるが、自分はそうではなかった。

何度やってもなかなか上手くできない。上手くできないのに、体をマットに打ち付けられるから痛い。かといって、細かいアドバイスやコツを教えてくれることもない。

では本間さんや先輩たちが不親切だったのかといえば、そういうことでもなかったような気がする。要するに本間さんたちも、同じような指導を受けてきたのだ。

はっきり言って合理的な練習法ではない。ところがそんな非合理的な練習を毎日繰り返しているうちに、昨日までできなかったことが、突然できるようになってしまうのだ。そして、そうやって身に着けた技術は、決して失われることがない。

人間に与えられた時間には限りがあるので、練習はできるだけ合理的、かつ科学的である方が好ましい。実際、現在の大日本では自分がデビューした頃よりも、かなり合理的なメニューを取り入れている。

ただ、実際に経験した立場からすると、体を痛めてしまうようなものでない限りは、非合理的な練習にも意味はあると思う。もっとも、この頃の自分には、自分がやっている練習の意味を考えている余裕など、あろうはずもなかった。

グレート小鹿社長、中牧さんを襲撃する

そんな練習生生活が始まって間もなく、所属していた中牧昭二さんと、当時はザ・グレート・ポーゴのリングネームでレギュラー参戦していたミスター・ポーゴさんが突如、

大日本から離脱してしまう。

この頃の大日本では主力選手の離脱は年中行事だったが、当時の中牧さんはエース級の選手で、ポーゴさんは最強の外敵。そんな2人が一度に離脱したのだから、離脱慣れした大日本にとっても一大事だった。

フリー選手だったポーゴさんはまだしも、営業も担当していた中牧さんの離脱に対して、グレート小鹿社長(当時)は、「中牧の野郎、ただじゃおかねえ!」と怒り心頭だった。

そして事件が勃発する。その日、大日本は盛岡大会を開催するはずだった。そう、はずだったのである。

先に書いたように、盛岡市は自分の故郷である大滝村のすぐ隣。入門したばかりでデビューはしていないものの、息子が入門した団体が近くに来るとあって、社長たちに挨拶をするために、両親も観戦に来ることになっていた。

とはいえ入門の経緯が経緯だけに、まだ親とは顔を合わせたくない時期である。そんなこともあって、いささか憂鬱《ゆううつ》な気分だったのだが、なぜか予定時刻になってもバスは出発しない。

盛岡に先乗りしていた小鹿社長から、待機命令が出ていたのだ。ワケもわからず待っていると、選手が集められて困り顔の山川さんから、驚くような発表が行われた。

盛岡に先乗りしていた小鹿社長からの命令で、「今から中牧さんの会見に殴り込む」というのだ。さらに「本日の盛岡大会は中止、1カ月後に延期になった」という。親と顔を合わせずに済むのは助かるが、殴り込みとは穏やかではない。さすがに先輩たちも「殴り込みって、マジかよ……」と、あまりに唐突な展開に動揺の色が隠せない。後で判明した事の経緯はざっとこんな感じだ。

前日夜、盛岡に先乗りしていた小鹿社長に、この日の午後から中牧さんが記者会見を行うという、マスコミ関係者からの連絡が入った。小鹿社長が怒り心頭なのを知っていた中牧さんは、殴り込みもあり得ると警戒して、大日本の盛岡大会が行われる日に、会見を行おうとしたようだ。

とはいえ大会は翌日。前売り券も販売している。「ちくしょう、中牧の野郎めぇ！」と地団太《じだんだ》を踏みながら、それでも盛岡大会は開催されるのが普通である。しかし、今でも普通ではない小鹿社長は、20年前はさらに普通ではなかった。なんと盛岡大会を中止にして、選手一同を引き連れ、中牧さんの会見に殴り込むことを決意したのだ。

これが地方のプロモーター主催の、いわゆる売り興行だったならば、絶対にあり得なかった選択だ。だから、おそらく大日本が主催する、いわゆる手打ち興行だったのだろう。

しかしながら、手打ち興行だったとしても殴り込みのために大会を中止にするなど、まずあり得ない決断である。

それだけ小鹿社長は中牧さんに怒っており、さらに今になって思えば、前売り券もあまり売れていなかったと思われる。

こうして我々選手を乗せたバスは、殴り込みのために出発。東京駅で盛岡から新幹線で引き返した小鹿社長をピックアップすると、しばし走ったバスは中牧さんの会見会場近くに到着。

「よし、みんな後に続け！」と、小鹿社長は選手やスタッフを引き連れて、バスを降りて行った。

自分はデビューしたばかりの葛西さんと、バスで待機を命じられた。おそらく駐車違反対策だろう。だからここから先の出来事は、戻ってきた先輩から聞いた話である。

バスを降りた小鹿会長は、選手やスタッフを引き連れて、中牧さんの会見場を目指した。しかし、小鹿社長に中牧さんの会見情報を伝えたマスコミもいれば、中牧さんに小鹿社長の殴り込み情報を伝えたマスコミもいたのだ。すでに携帯の普及率も上がっていた時代である。

これは一大事と中牧さんは会見を中止して、すぐさま現場から避難しようとしたのだが……。

何たる偶然！　会見場から避難しようとしていた中牧さんと小鹿社長の行列が、路上で鉢合わせをしてしまったのだ。

ここで会ったが百年目とばかり、殴りかかった小鹿社長のパンチが中牧さんに命中。滅多にない特ダネに、中牧さんと一緒に会見場を後にした、カメラマンのフラッシュが一斉に光る。この瞬間の写真は翌日に、多くのスポーツ紙の紙面を飾ることとなる。

しかし、プロレスラーの乱暴は会場だから許されるのであって、路上でやったら警察沙汰になってしまう。タイガー・ジェット・シンが猪木さんを、新宿の伊勢丹前で襲撃したのは、この時より25年前の話。もはやそんな無茶は社会的に許されない時代になっていた。

当然のように選手やスタッフが小鹿社長を制止。殴られた中牧さんは気の毒だったが、大日本としては幸いなことに、警察沙汰にもならずに済んだ。

さて、この日に中止となった盛岡大会は、約1カ月後に延期開催となる。しかし、営業も告知も不十分だったため、見るも無残な客入りとなってしまった。そんな閑散とした会場を訪れた、数少ない観客の一人だった父に、大会後にこう言われた。

「この会社、本当に大丈夫なのか？」

おそらく小鹿社長が中牧さんを殴った記事を、スポーツ紙で目にしていたのだろう。加えてこの日の無残な客入りである。

さすがに「大丈夫！」とは言えなかった。プロレス入りを通じて、ただでも気まずくなっていた自分と父との関係は、このグレート小鹿社長の中牧さん襲撃事件によって、さらに気まずさを増すことになったのだった。

運命的な相手と待望のデビュー戦

入門時の体重が70キロを切っていた上に、受け身の上達にも時間がかかってしまったため、自分のデビューまでの練習生生活は、実に8カ月近くに及ぶこととなる。大きな怪我をしなかった練習生としては、かなり時間がかかった方である。

それでも脱走することなく練習を続けた自分は、翌年の4月29日のツインメッセ静岡大会で、晴れてデビュー戦の日を迎えることとなる。しかし、これは本来の予定よりも2日早まってのデビューだった。では、いかなる経緯で自分のデビューは2日早まったのか？

１９９９年の４月下旬に、大日本は静岡～長野～伊東の３連戦を行った。まだ体は細かったものの、どうにか受け身や基本的な技も身に付いていたので、この3連戦中に自分をデビューさせようという話になったようだ。当初の予定では自分のデビュー戦は、巡業最終戦の伊東大会で行われるはずだった。

出身地でもない伊東大会が選ばれたのは、「伊東が伊東でデビューなんて面白いよな」という、ほとんど冗談のような理由によるもの。当時の大日本は〝トンチ〟が団体の売りの一つで、新人のデビューにもトンチを効かせようとしたのだ。

内心では「人の大事なデビュー戦なのに……」という思いもあったが、それでも人並み以上に長い練習生生活を経てのデビュー戦だ。会場がどこであろうが嬉しい。緊張とワクワク感が混じった特別な思いを抱きながら、道場から乗り込んだ巡業バスは、巡業初日の会場であるツインメッセ静岡に到着。

2日後に迎えるデビュー戦に向けて、気持ちを高めながら会場設営をしていると、山川さんからこう告げられた。

「今日はサムライTVの中継もあるし、お前のデビュー戦は今日にするわ。お前もその方がいいだろう。相手は葛西な」

こうして自分のデビュー戦は2日早まることとなる。相手の葛西さんは前の年の8月にデビューしていたので、キャリア差は約8カ月。身長こそ自分の方が高かったが、新人時代の8カ月のキャリア差は大きい。しかも、当日に急遽告げられたデビュー戦で、気持ちの準備もできていない。

当然のように結果は自分の負け。後々のことを考えれば、自分のデビュー戦の相手が葛西さんだったのは、運命的な話のようにも思える。

とはいえ、少なくともこのデビュー戦の時点では、自分にとっての葛西さんも、そしておそらく葛西さんにとっての自分も、まだ特別な存在ではなかった。

こうして比較的地味に、プロレスラーとしての第一歩を踏み出した少し前に、自分に初めての後輩ができた。ともに大日本で20年にわたって、苦楽を共にすることとなる関本大介である。ここからは彼のことは、普段呼んでいるように大介と書かせて頂く。

先輩として絶対に負けたくなかった

名門の明徳義塾高校野球部出身の大介は、自分よりもはるかに大きな期待をされての入門だった。実は野球の方はレギュラーはおろか、チーム内最下層の4軍として3年を過ごしたそうだ。高校時代からウェイトトレに励んだ甲斐あって、筋骨隆々の体は入門時ですでに100キロ近くあった。18歳という若さも大きな武器だ。

実際、入門の時点で体ができていたこともあって、大介は自分の半分の4カ月でデビューを果たすこととなる。そして8月10日に大阪の鶴見緑地公園特設リングで行われた、彼のデビュー戦の相手を自分が務めることになった。

正直、ヤバいと思った。デビューは自分が4カ月先だったが、すでに大介の体重は100キロを超えていて、当時は70キロ台半ばだった自分よりも、25キロくらい重かった。しかも体重だけ重いデブではなく、その25キロは筋肉量の差だ。一緒に練習していたから、デビュー戦の後輩とはいえ、必ず勝てる相手ではないことはわかっていた。

しかも会場がある大阪は大介の地元で、家族や友人たちも応援に来ることだろう。体重とパワーで勝っている上に、地の利まで大介の方にあるのだ。

今ならもしもデビュー戦の相手をすることになれば、プロレスの厳しさと先輩の強さを思い知らせつつも、後輩の長所を引き出す試合もできるだろう。しかし、デビュー4カ月のド新人だった自分に、そんな余裕などあるはずもない。決して人並み外れた負けず嫌いではなかったが、かといってこれがデビュー戦の後輩には、絶対に負けたくなかった。

もちろん先輩相手の試合でも、常に勝つために全力で闘ってきたが、この時の大介との試合は、プロレスラーになって初めて経験する、石に噛《かじ》り付いてでも勝ってやる！

という気持ちで臨んだ試合だった。

そんな気迫が大介を圧倒したのだろうか？　パワーに押されながらも夢中で攻め続け、残された全力で絞り上げたキャメルクラッチに、大介が自分の腕を叩いてギブアップしたのがわかった。自分にとってはこの試合が、シングルマッチでの初勝利だった。

自分がデスマッチをやるようになってからは、大介とは一度しかシングルで対戦していない。しかし、お互いの新人時代にはキャリアが近かったので、何度となく対戦した。当時の自分にとっては、最も負けたくない相手は大介だったし、彼がいたから練習も頑張ることができた。

気が付けばあれから20年以上が過ぎた。新人時代に比べると、対戦したり組んだりする機会はずいぶん減ったが、今でも自分と大介はずっと競い合い続けている。

過激化する「デスマッチの大日本」

さて、このあたりで自分の新人時代の、大日本の状況をざっと説明しておこう。

旗揚げ当初から大日本ではデスマッチが行われていたが、自分が入門した98年あたりから、急速な世代交代が起きつつあった。

引き金となったのは前述したポーゴさんと中牧さんの離脱。ミスター・デンジャーこと松永光弘さんは、引き続き参戦していたものの、知名度もあったポーゴさんと中牧さんの離脱は、大日本にとって非常に大きな痛手だった。

しかし、プロレス界ではトップ選手の引退や退団が、新たな力の台頭を促す原動力となることがある。そして、この時に大日本に訪れていたピンチは、結果として4人の若きデスマッチファイターを急台頭させることになる。

山川竜司、本間朋晃、シャドウWX、ジ・ウィンガー。

後にデスマッチ新世代と呼ばれる4人である。基本的には山川さんと本間さんが正規軍のベビーフェイスで、WXさんとウィンガーさんは反主流のヒール的な立場だった。

まだ知名度は低かった4人だが、最年長のWXさんだけが30歳過ぎで、他の3人はまだ20代という若さは、ポーゴさんや中牧さんにはない財産だった。そんな若さを武器にした体を張ったデスマッチは、徐々にマニアの支持を集めつつあった。

さらにデスマッチの老舗だったFMWが、エンターテイメント路線開始に伴って、デスマッチ封印を宣言したのも、大日本にとっては追い風となる。だったらデスマッチは大日本が独占してやるとばかり、その闘いはどんどん過激化していった。

そして、自分がデビューする少し前あたりから、蛍光灯がアイテムとして使用されるようになる。少なくとも日本のプロレス団体で、デスマッチのアイテムとして蛍光灯を使用したのは、大日本が初めてだった。

それ以前にも大日本ではサボテン、ピラニア、ワニといった動植物を使ったデスマッチは行われてきた。これらFMWでも使用されたことがなかったアイテムは、大日本独自のオリジナリティ追及の姿勢と、発案者である松永さんのアイデアが生み出したものだ。その姿勢は現在の我々も学ばなくてはならない。ただ、いずれも経費や設置の手間がかかり、継続的な使用はむつかしいものばかりだった。

さらには実際に使ってみると、とりわけピラニアやワニといった動物は、デスマッチのアイテムとしては不向きだった。例えばピラニアは選手が水槽に落下しても、一匹も噛みついてくれなかったのだ。

しかし蛍光灯は違った。軽いので選手にとっては使い勝手がいい上に、食らった相手は例外なく血だるまになる。誰が見ても危険で強力。廃品を使えばコストもかからないので、大量、かつ継続的な使用も可能。おまけに割れる際には、派手な破裂音まで出る。あらゆる意味で今現在に至るまで、蛍光灯を上回るデスマッチ・アイテムはない。

そんな蛍光灯の導入によって、大日本のデスマッチはFMWの後追いではない、本当の意味でのオリジナリティを手にした。さらに蛍光灯というアイテムは、大日本のデスマッチをより過激化する一方で、若い選手たちの急台頭を後押しすることにもなった。

今だから明かせる「蛍光灯の憂鬱」

蛍光灯という新たなアイテムの導入によって、どんどん過激化していくデスマッチを見て、当時の自分はどう考えていたのか？

もちろん凄いことをやっているとは思ったが、かといって自分がやりたいとは思わなかった。これは自分が特にヘタレだったワケではなく、ごくごく普通の感性だと思う。そもそも自分はデスマッチをやりたくて、プロレスラーになったのではなかった。

さらに今だから書ける話だが、蛍光灯デスマッチが行われる日は、少なからず憂鬱な気持ちになった。もちろん血が怖かったからではない。どんどん傷が増えていく先輩たちの体も心配だったが、かといって憂鬱になるほど、優しくも神経質でもなかった。

憂鬱の最大の原因は、蛍光灯を使用したデスマッチが行われると、新人だった自分たちの仕事が、一気に増えてしまうからだ。

それまで使用されていた有刺鉄線などに比べると、破片が飛び散る蛍光灯は、お客さんに危険が及ぶ可能性が格段に高い。しかも当時は場外乱闘で客席になだれ込んで、蛍光灯で殴り合うなんて無茶が、当たり前のように行われていた。

だから蛍光灯を使用するデスマッチになると、自分たちセコンドは普段の何倍も会場を走り回り、お客さんの安全を確保する必要があった。会場中に飛び散った破片の掃除も、ただでさえ時間との闘いであった会場撤収作業を、より慌ただしいものにした。

さらに蛍光灯も使用を重ねていくと、威力をアップさせるために束ねたり、「せっかくの蛍光灯なんだから、光らせてみよう」と言い出す先輩が出てきたりした。しかも誰もが大介ではなく、自分に頼んでくるのだ。

「お前、国立大学の工学部に行ってたんだから、これくらい作れるだろう」というのがその理由だ。しかし茨城大学の工学部では、残念ながら蛍光灯の束ね方や、リング上で光らせる方法を学ぶ機会はなかった。

というか茨城大学のみならず、日本中どこを探したとしても、そんなことを教えてくれる大学工学部は存在しないと思う。そもそも、こっちはほとんど大学には行っていないのだ。とはいえ先輩に頼まれれば、嫌ですとは言えない。どうにか知恵を絞って、先輩のリクエストに応え続けた。

ただ、この頃に養ったアイテム作りの技術が、後にデスマッチをやるようになった際に、自分にとっての大きな武器となる。

そんな感じで自分は裏方として貢献していた大日本のデスマッチ戦線は、２０００年になってさらに過激化することとなる。

アメリカの新興デスマッチ団体、ＣＺＷ（コンバット・ゾーン・レスリング）が殴り込んできたのだ。それはまさにデスマッチ版の黒船来襲だった。

デスマッチ世界一を賭けてＣＺＷと抗争

彼らが初来日する前に、道場でＣＺＷの試合ビデオを見たが、先輩たちがやっているデスマッチとは、異質なもののように思えた。

まず最初に感じたのは、プロレスとしては非常に雑。技術的にはかなり低いレベルの選手もいた。一方で蛍光灯や有刺鉄線に加えて、芝刈り機や大型ホッチキスといった、見たこともないアイテムも使用したデスマッチは、インパクトと斬新さでは、同じファイターの目から見ても大日本を上回っていた。

また、それまでの大日本では、蛍光灯はボードに固定して使用されることが多かったが、現在のようにロープに吊り下げる形式を持ち込んだのも彼らだった。

来日したＣＺＷの選手たちは、いずれも個性豊かでキャラも立っていた。例えば芝刈り機を武器にしていたワイフビーターは、日本語に訳せば「妻を殴る男」。リングネームを見ただけで、「どんな無法者なんだ？」と、想像をかきたてられたファンも少なくなかっただろう。

中でもCZWのオーナーにしてエースのザンディグは、デスマッチファイターとしての実力もさることながら、ファンの心を惹きつけてしまう、強烈なカリスマ性も兼ね備えた選手で、日本でもたちまち人気者となる。

そんなCZWがデスマッチ団体世界一の座を賭けて、大日本と血みどろの対抗戦を繰り広げるのだ。その闘いに松永さんや、FMW所属だった金村キンタロー選手も参入。さらに当時はまだ若手デスマッチファイターだった葛西さんも急台頭してきた。

役者の数も増えて、興行全体のスケールも一気にアップ。しかも闘いを重ねていく度に、試合内容もどんどん過激になっていくのだから、面白くならないはずがない。

こうしてCZWの参戦によって、多くのファンが新たに会場を訪れ、大日本の観客動員は一気にアップした。

そんな熱気の中で自分はといえば、この時点ではデビュー2周年を越えたあたりの若手だ。まだデスマッチもやっていなかったので、たまにCZWの軽量級選手と、通常ルールで対戦するくらい。それでも、お客さんが増えて会場の熱もどんどん上昇していくのは、最初のうちは単純に嬉しかった。

しかし、そんな抗争が続いていくうちに、だんだんと不安になってきた。ＣＺＷの選手たちも大日本の先輩たちも、勝ち負け以上に、どちらがより危険なことができるかを、競い合いつつあるように見えたのだ。

このままエスカレートしていった先には、取り返しのつかない出来事が待っている予感がした。

それでも走り出した大日本対ＣＺＷという暴走列車は、その後もぐいぐいと加速を続けた。そして20世紀最後の年が暮れて、21世紀幕開けとなった２００１年の年明け早々に、大日本は大きな花火を打ち上げる。

この年の12月２日に、横浜アリーナ大会を開催することを発表したのだ。横浜が本拠地の大日本だが、横浜アリーナでの大会開催は初めてのこと。もちろん旗揚げ以来、最大規模のビッグイベントだ。

当時の大日本の勢いを考えれば、決して無謀な挑戦ではなかったと思う。しかし、それはあくまで前年の勢いが、持続していることが大前提だった。

実は発表を目前に控えた前年の暮れから、大日本にとって極めて困った事態が起きていたのだ。

横浜アリーナへの航海を嵐が次々と襲う

年明けに横浜アリーナ大会開催の発表を控えた大日本から、本間朋晃さんが姿を消してしまった。年末あたりからは、連絡も一切取れない。

本間さんが素晴らしいプロレスラーであることは、その後の新日本をはじめとする、様々な団体での活躍によって、プロレスファンならば知らない人はいないだろう。

しかも当時の本間さんは2000年11月の横浜文化体育館大会で、ザンディグからデスマッチヘビー級王座を奪ったばかり。次期エース候補から、正真正銘のエースとしての道を、24歳という若さで歩み出そうとしていたばかりだった。

結局、何大会かの欠場が続いた後に、本間さんの退団が正式に発表される。会社も必死に説得を試みたが、本間さんは応じようとしなかったそうだ。

こうして横浜アリーナへの航海は、いきなりエースにしてデスマッチ王者だった本間さんの退団という嵐の中での厳しい船出となる。しかし、横浜アリーナ大会に向かう航路の先には、さらなる嵐が待ち受けていた。

3月18日に行われた博多スターレーン大会で、今度は山川竜司さんが重傷を負ってしまったのだ。

この日の山川さんはCZWのワイフビーターとシングルで対戦。デスマッチではなかったが、相手のワイフビーターはCZW勢の中でも、とりわけ凶暴な選手だったので、当然のように荒っぽい試合となった。

そんな試合の中でワイフビーターは、山川さんをリング下にセットした机めがけて、エプロンからネックハンギングボムで投げ落とした。いや、正確には投げ落とそうとした。しかし、ワイフビーターがバランスを崩したため、山川さんは机ではなく、場外マットのさらに外側の、固い床に後頭部から叩きつけられてしまった。

この試合でセコンドに付いていた自分は、山川さんの後頭部が、床に叩きつけられたのを間近で見ていたので、「ゴン！」という鈍い音も聞こえた。

これは大変なことになったと思い、すぐに駆け寄ると呼吸こそしているものの、呼びかけても返事をしてくれない。すぐさま試合はストップされ、救急搬送された山川さんは、頭がい骨骨折の重傷だった。

大日本とCZWの抗争の中で、自分が感じていた悪い予感が、現実のものとなってしまったのだ。

何しろ頭がい骨骨折だ。命が助かっただけでも幸運な大怪我で、当然のように山川さんは長期欠場に入る。

怪我をした場所が場所だけに、プロレスラーとしてリングに戻れるのかさえ、この時点ではわからなかった。

本間さんの退団に続いて、山川さんの復帰時期の見えない長期欠場。横浜アリーナに向かう航路に待っていた嵐は、さらに激しさを増していった。

「怒鳴り合い」が微妙なバランスを保つ

どちらかと言えば不器用で、プロレスラーとしては決して才能豊かな選手ではない。でも、どんな苦境でも常に明るく強気で、どんなに手酷く叩きのめされても、必ず再び立ち上がっていく。

そんな山川さんはファンの人たちにとって、大日本プロレスを最も体現する選手だった。さらに当時の大日本における山川さんは、単にメインエベンターだっただけでなく、扇の要《かなめ》のような存在でもあった。

当時の大日本のトップは、言わずと知れたグレート小鹿社長。当時ですでに40年近くのキャリアで培った知名度と人脈は、団体にとっては大きな財産。ただ、スケールが大

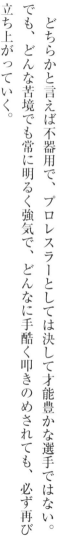

きい人にありがちな、細かいことは苦手なタイプだった。

そんな小鹿社長を旗揚げから補佐してきたのが、登坂栄児統括部長（当時）である。経理部長なら経理の責任者、営業部長ならチケットを売る責任者。では統括部長はどんなポジションかと言えば、大日本プロレスにおいては、試合以外は何でもやる人の役職だった。

会場までリング運搬のトラックを運転し、到着すればリングや売店を設営。開場すれば売店で売り子として立ち、試合が始まればレフェリーやリングアナも担当。試合が終われば再び売店で大声を張り上げ、トラックを運転して次の会場へ。

試合がない日はカード編成に頭を捻り、事務所から姿を消したかと思えば、チケットの営業か他団体との交渉。さらにはテレビ中継では実況までやってしまう。

こうして書き連ねて行っても、本当は3人くらいいるんじゃないか？　と、疑ってしまうくらいの凄まじい仕事量で、まさに最強の裏方と言っていい人物だ。

実際、自分のデビュー前に小鹿社長と揉めた登坂部長が、しばらく出社拒否をしたことがあったのだが、その時には興行でミスや不具合が続出。こんな状態があと1カ月も続いたら、大日本は崩壊してしまうのでは？　と、本気で心配したものだった。

幸いにして登坂部長は会社に復帰したが、あのまま辞めていたら、現在の大日本はなかったと断言できる。

そんな登坂部長を選手の立場からアシストしていたのが、他ならぬ山川さんだった。といっても、デスクワークをバリバリやっていたワケではない。というか、山川さんはそっち方面の仕事は不得手な人だった。

ざっくりと説明すれば、当時の山川さんの役回りは選手のまとめ役。そして、登坂部長とはしょっちゅう怒鳴り合っていた。

なんだそりゃ？　と思われるだろうが、この山川さんと登坂部長の怒鳴り合いが、当時の大日本にとっては非常に重要なものだった。

この怒鳴り合いによって、選手側の不満や要望はストレートに登坂部長に伝わった。逆に登坂部長のプランや団体が目指す方向性も、山川さんを通じて選手に伝えられた。

山川さんと登坂部長の怒鳴り合いには、嘘もなければ駆け引きも存在せず、ひたすらお互いの思いをぶつけ合った。そんな怒鳴り合いができたのは、お互いが相手のことを全面的に信頼する、親友にして同志だったからこそだ。

そして当時の大日本は、そんな2人の怒鳴り合いによって、ギリギリのバランスが保たれていたような気がする。いや、実際にそうだったことが、山川さんの欠場によって証明されることとなる。

山川さんがいなくなってからの大日本は、ギリギリで保たれていたバランスを失ってしまったのだ。

ファンの判断に委ねた「山川さん復帰」

リング上ではどんなに激しく敵対しても、ザンディグをはじめとするＣＺＷの選手たちからは、大日本のリングを盛り上げようという、熱い思いを感じることができた。そういう意味では、彼らは敵であると同時に同士でもあった。

ところが山川さんが欠場して、横浜アリーナまで半年を切ったあたりから、大日本とＣＺＷの関係が明らかにおかしくなってきた。

今から思えば、大日本を盛り上げるための方法論の食い違いが、どんどん広がってしまったのだろう。

リングを降りればフレンドリーだった彼らが、若手の自分たちにまで敵意の視線を向けてくるようになった。そしてリング上ではＣＺＷ同士で抗争が始まる。

単純明快だった大日本対ＣＺＷの抗争は、横浜アリーナが近づいてくるにつれて、毎月のように仲間割れと結託が繰り返されて、目まぐるしく抗争の図式が変わる、マニアックでわかりにくいものになっていった。これはビッグマッチを前にした団体としては、好ましくない流れだった。実際、相変わらず試合は激しいにもかかわらず、会場の熱気は前の年よりも落ちているように感じた。

そんな状況の中で山川さんが、横浜アリーナでの復帰を目指して練習を再開する。責任感の強い人だけに、少しでも大会を盛り上げるための力になりたいと考えたに違いない。もちろん自分も山川さんには復帰して欲しかったが、何しろ頭がい骨骨折という重傷からの復帰だ。お世話になった先輩だからこそ、復帰には臆病なくらいに慎重になって欲しいと考えていた。

さらに入院中はもちろんのこと、退院後もしばらく練習していなかったことを考えれば、横浜アリーナでの復帰は早すぎるように思えたのだ。

もちろん最終決定を下す立場である小鹿社長と登坂部長も悩んだはずだ。この時点で頭蓋骨の骨折自体は完治していたし、山川さんの気持ちにも応えたかっただろう。しかし怪我をした場所が場所だけに、骨折は完治していたとしても、最悪の事態が起きない保証はなかった。

一方でCZWとの関係悪化に伴う迷走で、横浜アリーナが近づいてきても、メインをはじめとする大会の全体像は見えてこなかった。できるものなら山川さんに、横浜アリーナで復帰して欲しいという思いもあったはずだ。

そんな状況の中で大日本は、山川さんの復帰の是非を、ファンに委ねることとなる。後楽園大会に来場した観客全員に、表が黄色で裏が赤のボードを配布し、復帰に賛成なら黄色を、反対ならば赤のボードを掲げてもらうことになったのだ。黄色は山川さんのイメージカラーだった。

もちろん小鹿社長も登坂部長も、そして山川さん自身も、この時の結果だけで全てを決めようとしていたワケではないだろう。

ただ、これは断言してもいい。あの時の山川さんのように、復帰の是非に迷う選手が出たとしても、今の大日本ならばファンに判断は委ねない。

もしかしたら小鹿社長と登坂部長は、反対の意思表示である、赤のボードの方が多く上がることを予想して、山川さんに復帰を諦めさせようとしていたのかもしれない。

ところが赤のボードも上がったものの、黄色のボードを掲げたお客さんの方が、明らかに多かった。その数日後、山川さんの横浜アリーナでの復帰が決定する。

ちなみにボードは選手にも配られ、黄色のボードを上げた選手もいたが、自分は復帰に反対する赤のボードを上げた。

怪我が心配だったこともあるが、この大会の少し前に行われた公開練習で、山川さんとスパーリングをやった上での結論だった。欠場前はまるで歯が立たなかった山川さんが、悲しくなるくらいに弱くなっていたのだ。

もちろん練習を再開して間がなかったこともあるが、どう考えても横浜アリーナまでに、満足なコンディションに戻るとは思えなかった。

山川さんには不完全な状態で復帰して欲しくなかったし、不完全な状態を補うための無理も、絶対にしてほしくなかった。

結局、山川さんの復帰戦は横浜アリーナのメインで行われることとなる。山川さんは金村さんと組んで、MEN'sテイオーさんと大介のコンビと対戦。両チームがそれぞれ保持していた、タッグ王座が賭けられたダブルタイトル戦だ。

にもかかわらず、試合は10分1本勝負のエキシビションマッチ。山川さんのコンディション、この試合に出場した選手たちの思い、さらに横浜アリーナのメインという、様々な要素が絡み合った末に生まれた、矛盾だらけのカードだった。

しかし、そんな矛盾だらけのカードには、ファンも含めた多くの人たちの、祈るような思いが込められていた。

そして12月2日、ついに横浜アリーナ開催の日が訪れた。

大日本の転換点となった横浜アリーナ

横浜アリーナ当日、試合は午後開始だったにもかかわらず、自分たち若手は午前0時に会場入りした。

たしかに会場が大きくなればなるほど、設営準備には時間がかかる。しかし、それを差し引いても0時は不必要に早すぎで、リングの設営や売店の準備を終えた自分たちは、開場時間まで暇を持て余してしまった。

満身創痍《まんしんそうい》の状態ながら、どうにか横浜アリーナに辿り着いた大日本だったが、自分たちの会場入りの時間一つとっても、今なら当たり前の判断ができない状態だった。

改めてカードを見直しても、横浜アリーナ級のビッグマッチとしては、妙なカード編成である。メインは山川さんの復帰戦のタッグマッチ。

しかし、この試合に出場したテイオーさんと大介は、それぞれ別の試合にも出場しており、2試合目の出場だった。

さらにもう一人の2試合出場だったザンディグは、この大会で松永さんのデスマッチ王座に挑戦するにもかかわらず、その前に4WAYマッチにも出場していた。しかも、それはザンディグの強い要望だったという。

そんな横浜アリーナ大会で、自分は第1試合に出場した。自分は矢樹広弓さんと組んで、ファンタスティック&マルセラ組と対戦する、日本・メキシコ男女混成タッグマッチ。自分が勝てば賞金15万円が貰えるはずだったが、矢樹さんがマルセラに勝ったので、賞金は誰にも出ないという、いささか締まらない結末になってしまった。

試合を終えるとすぐさま着替えて、残り9試合のセコンドを務めた。この横浜アリーナで記憶に残っているのは、ひたすらセコンドとして走り回ったこと。そして次から次へとトラブルやアクシデントが続出したことだ。

極めつけがセミファイナルで行われた、松永さんとザンディグのデスマッチ。その前に行われていた4WAYマッチのダメージで、試合出場は無理とドクターから発表されたにもかかわらず、ザンディグはよろめきながら入場してきた。

ところが試合開始のゴングが鳴るや、元気いっぱいになったザンディグは、松永さんを圧倒してデスマッチ王座を奪取。さらに試合後にマイクを握ると、CZWの大日本撤退を宣言した。

一方、敗れた松永さんも試合後に、「こんな団体でやってられるか!」と激怒。長く大日本に参戦してきた松永さんだったが、その言葉通り、これが大日本での最後の試合となった。

そしてメインの山川さんの復帰戦。ザンディグたちが乱入して、試合を壊そうとしているという情報もあったので、なかなかリング上に集中できなかったが、それでも山川さんが入場してくる姿を久しぶりに見た時は、思わずこみ上げるものがあった。

山川さんがタッチを受けてリングに入る度に、受け身を1回取る度に、「山川さんが無事でありますように！」と祈った。あんな思いで試合を観たのは、後にも先にもあの時が最初で最後だ。

そして試合は大介が山川さんからフォールを奪って終了。試合後に立ち上がった山川さんを見た時には、体全体から力が抜けるくらいにほっとした。

しかし、自分たち若手は感傷に浸る暇もなく、興行時間が大幅にオーバー（6時間も越えていた）したため、普段以上の突貫作業で撤収作業。リングを積んだトラックが道場に着いた頃には、すでに日付も変わっていた。

こうして、横浜アリーナという港を目指した、大日本の満身創痍の航海は終わった。しかし、この航海で負った大日本という船の損傷が、考えていた以上に深刻だったことを思い知るのは、むしろこの横浜アリーナ大会の後だった。

後輩の大活躍にも焦りはなかった2年半

さてここまで書いてきて、人のことや団体の状況ばかりで、肝心の伊東竜二の出番が非常に少ない自伝だなと自分でも思う。これでは伊東竜二による「大日本プロレス史」だ。これは自分がデビューして、横浜アリーナまでの約2年半が、主力選手の相次ぐ離脱、CZW参戦によるブレイク、横浜アリーナ大会開催という、団体史上最大級の激動期だったことが大きい。

この激動期をきちんと説明しておかないと、この後の自分のプロレス人生も語ることはできない。そして激動の大日本とは対照的に、自分の新人から若手時代は、ごくごく平凡なものだったこともある。

普通の新人と比べて特別なことと言えば、まだ新人なのに同じ団体のレフェリーと結婚したことくらい。伊東竜二という名前を最初に知ったのは、この結婚がきっかけだった方も多いと思う。

しかしリング上に関しては、良くも悪くも普通の新人だったと思う。特に伸び悩んでいたワケでもないが、かといって新人離れした結果も出していない。横浜アリーナ大会で第1試合だったのも、ごくごくまっとうな試合順だったと思う。

では、そんな自分のデビューから横浜アリーナ大会までの約2年半を、ざっと振り返ってみよう。

デビュー当時の自分は、多くの新人がそうであるように、いわゆる基本技だけで試合をしていた。ただ、入門した頃よりは体重は増えていたものの、それでも70キロ台半ばの細身。これでは自分より大きな先輩と闘っても勝負にならない。

そこでレガースを着用してキックを使うようになった。空手やキックボクシングの経験はなかった自分が、キックを使おうと思ったのは、比較的長い手足と、自分の身体的な強みである、柔軟性を活かすためだった。

基本的には自己流だったが、この狙いは見事に当たって、わりと短期間でそこそこのキックが蹴れるようになった。キックの見栄えをよくするために、コスチュームをスパッツからパンタロンに変えた。そして跳躍力にも恵まれていたので、徐々に飛び技のレパートリーも増やしていった。

つまり自分の長所と短所を見極めた上で、最も適切と思える試合スタイルを構築していったのだ。そこには好き嫌いは存在せず、自分にとってのベストな技を、客観的に選択していった。この合理的な発想は基本的に現在も変わらない。

そして、若手時代の自分にとって忘れてはならないのが、MEN'sテイオーさんの存在だ。

WWF（現在のWWE）を退団したテイオーさんが、大日本プロレスに入団したのは、自分がデビューした直後のことだった。実際に目の前で試合を見て少し話をしただけで、この人が他の先輩たちとは異質なレスラーであることがわかった。

例えば一緒にかつての名勝負と言われる試合を観ていると、さりげない攻防の途中で映像を止めて、こう尋ねてくるのだ。

「さっきの動きの意味ってわかるか？」

自分には特別な意味がある動きのようには思えない。しかし映像を巻き戻したテイオーさんは、一見すると特に意味があったようには思えない攻防を、実にわかりやすく解説してくれるのだ。

後に自分も後輩を教えるようになって痛感するが、このわかりやすくというのは、誰にでもできる芸当ではない。誰にでもわかりやすく説明するためには、自分自身の本質的な理解が求められるからだ。

つまりテイオーさんの筋金入りのテクニックは、単に体と感覚で身に着けたものではなく、気の遠くなるような時間をかけた研究と、学生プロレス時代からの実戦の積み重ねを通じて構築された、揺るぎない理論によって作り上げられたものだったのだ。

そんなテイオーさんとはデビューの翌年あたりから、大介も加えた3人でMEN,s CLUB（メンズ・クラブ）というユニットを結成する。途中で何人かの選手が加わったり抜けたりもしたが、基本的にはこの3人が軸だった。

テイオーさんとの師弟関係に関しては、コンビを組む機会が多かった大介の方が、自分よりも強い影響を受けていたと思われている。実際、大介は多くのものをテイオーさんから学んだ。

だが前述したように、自分もプロレスを理詰めで考えるタイプなので、むしろ大介よりも自分の方が師弟としての相性が良く、テイオーさんからより多くのものを吸収していたと思っている。

実際、後にデスマッチを始めた時にも、この時期にテイオーさんから学んだ技術や理論が、まだ若く経験不足だった自分にとっては、とても心強い武器となる。

そんな感じで一歩一歩の歩みを続けていた自分とは対照的に、後輩の大介は横浜アリーナ大会が開催された、2001年になるや一気に急台頭する。

20歳の誕生日を目前に控えた1月には、テイオーさんとのコンビでBJWタッグ王座を奪取。9月から開催されたZERO-ONEの第1回火祭りでは、結果は全敗ながら試合内容が高く評価され、その名を広く知られるようになる。

結果、横浜アリーナ大会では自分は第1試合で、大介は大谷晋二郎選手とのシングルと、メインの山川さんの復帰戦に出場。

たった4カ月の差とはいえ、後輩がこれだけ活躍していれば、少しは焦るのが普通だろう。ところが当時の自分を振り返ってみると、見事なくらいに焦っていなかった。

たしかに大介と比べれば大きな結果は出せていなかった。でもプロレスラーとして成長している自負はあったし、大介の活躍と比較しても仕方ないと思っていた。

もう少し焦っても良かったような気もするが、良くも悪くも当時の自分はマイペースだった。

しかし、新人がマイペースで成長できるのも、団体が安定した状況であればこそ。横浜アリーナ大会を終えた大日本は、極めて深刻な状況に陥りつつあった。

社長の救済策は建設現場でアルバイト

横浜アリーナ大会で宣言した通り、ＣＺＷは大日本のリングから去ってしまった。

それまで目玉だった外国人たちが、一気にいなくなってしまったので、２００２年が明けてからの大日本の動員数は一気に落ち込んでしまう。

何とか挽回しようと、あの手この手と打ってはみるのだが、CZW撤退とともに去ったファンを呼び戻すことはできない。復帰した山川さんも、椎間板《ついかんばん》ヘルニアを発症していたこともあって、欠場前に比べると試合内容は精彩を欠いていた。

後になってわかったことだが、実はCZW勢が参戦していた頃も、彼らの渡航費やギャラの経費がけっこうかかっていて、観客動員が好調だったわりには、当時の大日本はあまり儲かっていなかったという。

横浜アリーナ大会の開催は、そんな状況を一発逆転するための大博打《おおばくち》だったのだが、期待したほどの収益を上げることができなかった。

主催者発表の観客動員は1万1923人と景気のいい数字だったが、これは当時の大日本名物の大幅な水増し発表。実数はその半分以下だったと思う。

しかもテリー・ファンクやミル・マスカラスを招聘《しょうへい》しており、あのクラスの大物になると、飛行機もエコノミーというワケにはいかないので、経費も相当にかかっていたはずだ。

実際、横浜アリーナの会場使用料は、大会後に全額を支払うことができず、分割で数年かけて返済することとなる。ということは赤字興行だったのかもしれない。

やがて先輩たちや登坂部長の給料が、減額され、さらに遅れるようになる。それでも自分たちは元々の給料が安かったので、しばらくの間は普通に出ていたが、それもとうとう遅れ始め、ついには出なくなってしまった。

もともとの給料が安いので、貯金などあるはずがない。これでは文字通り食べていけないので相談に行くと、小鹿社長は「よし、ここは俺に任せておけ！」と胸を叩いた。

さすが社長と感心していると、数日後に社長の知り合いが経営している建設会社のアルバイトを紹介された。食えないなら外で稼いで来いということだ。

結局、自分と大介と1年後輩の沼澤直樹（現・〝黒天使〟沼澤邪鬼）は、1カ月ほどの短い期間ではあったが、建設現場でバイトをすることとなった。20年のプロレス人生の中で、プロレス以外の仕事をしたのは、後にも先にもあの時だけだ。

そんな状況でも大日本を辞めようとは考えなかった。移籍しようにも入団させてくれそうな団体はないと思ったし、実際に誘われることもなかった。

当時の自分にとって、大日本を辞めることは、すなわちプロレスを辞めることを意味した。そして、プロレスは絶対に辞めたくなかった。これは大介も沼澤も同じだったと思う。

そんな状況に追い打ちをかけるように、5月に川崎球場で行われた、冬木弘道さんの引退興行に出場した際に、葛西さんが膝のじん帯を断裂する、全治1年の重傷を負ってしまう。そして夏の終わりに葛西さんは大日本を退団してしまった。

当時の大日本は葛西さんの治療費を負担することさえできなかったのだ。辞めると決めた葛西さんを引き留めることはできなかった。

ＣＺＷが撤退した後も大日本を応援してくれたファンにとって、当時はまだキャリア５年だった葛西さんは、大介とともに大日本の希望だった。

そんな葛西さんの退団によって、大日本の状況はさらに悪化していくこととなる。

「年は越せない」と囁かれた瀕死の大日本

２００３年の年が明けても、大日本の状況に好転の兆しは見えなかった。いや、むしろどんどん悪化していく。後楽園ホール大会の観客動員が、実数で３００人を切ることさえあった。後楽園大会が終わった後にリングを撤収していると、小鹿社長と登坂部長が深刻な表情で、後楽園の職員の人と話し合っている姿を何度か見かけた。

後楽園ホールの会場使用料は、大会の１カ月前に半額を収め、大会後に残りの半額を支払う。ところが大会後にお金をかき集めても、残りの半額を後楽園に支払うことができなかったようだ。それでも毎月の後楽園ホール大会が継続できていたということは、次の大会までにはどうにか会場費を支払っていたのだろう。ただ、いつ前払いの会場使用料半額が支払えなくなってもおかしくないギリギリの瀬戸際まで、当時の大日本は追い込まれていたはずだ。

会場使用料が払えなければ、後楽園大会は中止になってしまう。それはプロレス団体にとっての終焉《しゅうえん》を意味した。

この頃を知るマスコミ関係者の多くは、大日本は2003年の年は越せないと考えていたそうだ。たぶん、同じように予想していたファンも少なくなかっただろう。何しろ大日本が上向きになる要素が、何一つとして見いだせないのだから、そう思われてしまうのも無理はない話だ。

もはや大日本プロレスは満身創痍を通り越して、瀕死《ひんし》の状態となりつつあった。あのまま何も起きなければ、多くの人が予想したように、年内にも解散していたかもしれない。

そんな状況の中で、自分はデスマッチファイターとしての第一歩を踏み出した。

大日本存亡の危機を救うため、若き日の伊東竜二（当時27歳）は、決死の覚悟でデスマッチの修羅場に飛び込んだのだった！

そのように認識している方も多いと思われるし、そういうことにしておいた方が、この自伝も盛り上がってくるところだ。しかし、実際のところはそうではない。

そもそも初めてデスマッチをやった時には、大日本を救おうなんて大それた思いは、これっぽっちもなかった。

一般的に自分のデスマッチ・デビュー戦は、2003年6月1日の後楽園大会、WXさんと組んでBADBOY非道&gosaku組と対戦したスクランブルバンクハウス・デスマッチとされている。実際、あのカードが発表された時には、自分のデスマッチ・デビュー戦と銘打たれていたし、雑誌の記事やテレビの中継でも、そのように伝えられた。しかし、あの試合は2試合目のデスマッチで、実はその前に1試合経験していたのだ。

知られざる「本当のデスマッチデビュー」

自分のデスマッチデビュー戦が行われたとされている、後楽園大会の前の月の5月7日に、大日本プロレスは岩手県の一関市で大会を開催した。

滝沢村でも盛岡市でもなかったが、出身地である岩手県での開催ということで、自分はメインのタッグマッチに出場することが決まっていた。

パートナーはWXさんで、対戦相手はマイク・サンプラス&マッドマン・ポンド組。自分以外の3人はデスマッチファイターだ。そして大会の数日前に発表されたカードには、さりげなく〝デスマッチ〟と記されていた。

何しろ自分にとっては初のデスマッチである。このような場合、カードを決めていた登坂部長から、「デスマッチできるかな？」くらいの、相談なり打診があっても良さそうなものだが、自分がこのカードを知ったのは雑誌の記事だった。

ただ、もしも事前に「できる？」と聞かれていれば、「できます」と答えていた。相変わらず積極的にデスマッチをやりたいとは思っていなかった。ただ、セコンドとして間近でデスマッチを観ているうちに、「俺にもできるんじゃないか？」とも思い始めていたのだ。

「やりたいとは思わない」と「やりたくない」は、似ているようでいて大きく違う。それに「できるんじゃないか？」を、実際に試したいという思いも自分の中で膨らみつつあった。登坂部長はそんな自分の心中を察した上で、あのカードを組んだのかもしれない。

そんなこともあって、初めてのデスマッチだったにもかかわらず、わりと淡々とした精神状態で一関大会当日を迎えた。

有刺鉄線も痛いだろうが、通常ルールのプロレス技も十分に痛い。刺さったり切れたりする痛みは、殴られたり蹴られたり投げ飛ばされるのとは異質のものだろうが、耐えられないほどではないだろうと思っていたのだ。

試合形式は有刺鉄線ボードデスマッチ。開場前にいつものように、ボードの作成にとりかかる。いつもと違うのは、自分が作っているこのボードに、今日は自分が叩きつけられてしまう可能性が高いことだった。そう考えると有刺鉄線の針がいつもより尖っているように見えた。ただ、自分でも不思議なくらいに恐怖心はなかった。

そんな感じで有刺鉄線ボードを作っていると、珍しく深刻な表情をした小鹿社長が話しかけてきた。

「お前、今日は誰とやるんだ？」

「メインでＷＸさんと組んで、相手はサンプラスとポンドです」

「その試合はメインでデスマッチだけど大丈夫か？　アレだったら山川か小林に代わってもらってもいいんだぞ」

どうやら小鹿会長は、唐突にデスマッチ・デビュー戦が組まれた自分を、心配してくれたようである。

同じ岩手県とはいえ一関市は故郷の滝沢村から電車で2時間の距離。この大会には家族も友人も来ていなかったし、さりげなく発表されたカードだったので、マスコミの取材もなかった。

だから自分が「だったら代わってもらっていいですか」と答えていたら、おそらくカードは変更になっていたと思う。そうなっていたら、その後の自分のプロレス人生、そして大日本の歴史は大きく変わっていたことだろう。

しかし自分は「大丈夫です」と答えた。練習生時代に閑散とした盛岡大会の会場で、「この会社は大丈夫か?」と問われた時には言えなかった、「大丈夫です」という言葉が、あの時は何の躊躇《ちゅうちょ》もなく口から出た。

小鹿社長は「そうか」と言うと、登坂部長と何やら真剣な表情で話し合いを始めた。そして今度は登坂部長が近づいてきて、こう言われた。

「急な話だけど頑張ってね」

こちらにも「大丈夫です」と答えた。こうして、さりげなく発表された自分のデスマッチ・デビュー戦は、マスコミの取材が一社もなかった一関大会で、人知れず決行されることとなった。

「ひっくり返す!」無我夢中で攻め続ける

初めて叩きつけられた有刺鉄線は、やはり無茶苦茶痛かった。そしてボコボコに痛めつけられた末に、最後は自分がフォールを奪われての敗北。まあ、順当な結果である。

それでも、初めてのデスマッチにしては冷静だったし、少しは反撃することもできた。試合が終わった時には、我ながら思ったよりできたと思った。

試合を観ていた登坂部長も、同じことを感じたのだろう。試合後に「6月1日の後楽園でもデスマッチをやってくれるかな？　その試合を伊東君の正式なデスマッチ・デビュー戦ということにしたいんだけど」と言われた。

もちろん答えは「大丈夫です」。ちなみにこの日のメインの試合結果は、デスマッチではなく時間無制限1本勝負と発表されていた。つまり、記録上はデスマッチではなかったことになったのだ。まあ、この程度の嘘は大目に見て頂きたい。

こうして〝伊東竜二デスマッチ・デビュー戦〟として、前述した6月1日の後楽園大会のカード、すなわちWX&伊東組対非道&ｇｏｓａｋｕ組の、スクランブルバンクハウス・タッグデスマッチが発表される。

そして迎えた後楽園大会当日、入場時の歓声から自分のデスマッチ・デビューが、思ったよりも注目も期待もされていることを感じた。当時の大日本はデスマッチファイターの選手層が、現在よりもはるかに薄かったこともあって、大日本ファンにとって自分のデスマッチ・デビューは、喜ばしいことだったのだろう。

ただ、相手の非道選手もｇｏｓａｋｕ選手も元ＦＭＷで、デスマッチ経験も豊富な上にヘビー級の大型選手。対するこちらはパートナーが実力者のWXさんとはいえ、自分はこの試合がデスマッチ・デビュー戦（本当は1試合やっていたが）。

自分に向かって送られる「頑張れよ！」という声援には、「間違いなく負けるだろうけど……」というニュアンスも含まれていたと思う。そんな微妙な気配を感じ取った自分の中に、未経験の闘志が沸き上がってきた。

だったら全部ひっくり返してやる！

試合形式のスクランブルバンクハウス・デスマッチとは、リング内に置かれた公認凶器（この試合では有刺鉄線バット）の使用が許されるルール。もちろん有刺鉄線バットは自分が制作したものだ。

試合は選手全員がリング外に出た状態から始まり、リングアナのカウントダウンがゼロを告げると、所定の位置からリング内に走りこんで、公認凶器を奪い合うところから始まる。当然、先にリングに入った方が、公認凶器を手に入れて有利に試合を始めることができる。

ところがこの試合では、カウント中に非道選手とｇｏｓａｋｕ選手が、リングに向かってダッシュした。いわゆるフライングだ。

しかし、体重が軽い分だけ足は自分の方が速い。スタートは遅れたが、先にリングに飛び込んで有刺鉄線バットをゲットできた。しかし、すぐさま相手チームに反撃されてしまう。

初体験の強烈な衝撃に息が詰まる。それでも不思議なくらいに体は動いて、気持ちも折れなかった。

善戦空しく自分がフォールを奪われる――。

自分以外の誰もが予想していた、そんな面白くもなんともない結果に終わらせてたまるか！　無我夢中で動き続け、攻め続けた。

そしてｇｏｓａｋｕ選手がコーナー近くでダウン。試合権利を持っていた自分は、ＷＸさんにこう叫んだ。

「ＷＸ、バットをセットしろ！」

先輩を呼び捨てにした上に命令なんて、失礼な後輩もいたものだが、〝さん〟を付ける時間さえ惜しかった。

残された力を振り絞ってコーナーに上がり、思い切り開脚しながら跳躍して、ｇｏｓａｋｕ選手の上に落下。

記録はフライング・ボディープレスとなっているが、あれがデスマッチで初めて決めた、ドラゴンスプラッシュだった。

1、2、3！

デスマッチ・デビュー戦だった自分が、自らフォールを奪って勝者となった驚きに、後楽園ホールは大歓声に包まれる。自分の勝ち負けで会場があんなに沸いたのは、4年余りのプロレス人生で初めてのことだった。

その勢いでマイクを掴んだ自分は叫んだ。

「やりゃあできるんだよ！　蛍光灯でも画鋲でも何でもやってやるよ！」

試合後の興奮と勢いで出た言葉だったが、実際に何でもできると本気で思った。

こうして踏み出したデスマッチの第二歩目から、自分のプロレス人生は信じられないくらいに、急加速していくことになるのだった。

大日本のピンチを救ってくれた金村選手

自分がデスマッチ・デビュー戦を勝利で飾った6・1後楽園大会のメインは、王者の金村キンタロー選手にアブドーラ・小林さんが挑んだデスマッチ選手権だった。

横浜アリーナ大会で松永さんから奪った、ザンディグのデスマッチ王座は、CZW撤退に伴う返上（実際のところは剥奪《はくだつ》）によって空位に。以後、1年以上にわたって王者不在の状態が続いたが、この年の3月に行われた王者決定戦で、WXさんを破った金村選手が王者になっていた。

当時の金村選手はまさに飛ぶ鳥を落とす勢いで、様々な団体を縦横無尽に暴れまわる、プロレス界でも屈指の売れっ子だった。

そんな金村選手にとって、注目度も低く競い合えるライバルもいない大日本は、出場するメリットが少ない団体だったと思う。それでも金村選手は地方大会を含めて、可能な限り参戦してくれた。しかも、「金は景気のいい団体で稼ぐからいい」と、大日本からはギャラを受け取ろうとしなかった。

横浜アリーナ後の大日本が、ほとんど満身創痍の瀕死状態になりながらも、ギリギリで踏ん張ることができたのは、金村選手が参戦し続けてくれたおかげと言ってもいい。

仲が良かった山川さんとの友情や、FMWの倒産を経験していたこともあって、とりわけ自分たち若い選手を、路頭に迷わせたくないという思いもあったのだろう。いずれにせよ金村選手には今でも心から感謝している。

問題はそんな金村選手から、デスマッチ王座のベルトを奪回できそうな選手が、大日本にはいなかったことだ。王者決定戦のWXさんも、初防衛戦の挑戦者として挑んだ小林さんも、金村選手には歯が立たなかった。

ＣＺＷ勢が撤退し、復帰した山川さんもスランプが続いていた、当時の大日本のデスマッチ戦線において、金村選手の実力はあまりに突出し過ぎていたのだ。

金村選手が大日本所属の選手ならば、他団体や海外から挑戦者を呼んでくるという手段もあった。しかし金村選手は大日本の所属ではない。

だから金村選手のデスマッチ王座は、大日本の選手が奪わなければ、団体として次のステップに進むことはできなかったのだ。

そんな状況で自分がデスマッチ・デビュー戦で勝利した。鉄は熱いうちに打てとばかりに、後楽園大会後の月末に行われた横浜赤レンガ倉庫大会で、自分と金村選手のシングルマッチ（有刺鉄線ボードデスマッチ）が組まれた。

もちろんタイトルマッチではなかったが、自分としては望むところだ。あの金村キンタローに、自分の力がどこまで通じるのか試してみたかった。ところが、この試合は５分足らずで無効試合になってしまう。

自分のセコンドに付いていったＷＸさんと小林さん、金村選手のセコンドに付いていた非道選手とｇｏｓａｋｕ選手が乱闘になり、勢い余ってリング内にも乱入してしまったのだ。当然のように納得がいかない自分と金村選手からの要求を受けて、１カ月後に行われる７月21日の後楽園大会で、再戦が組まれることとなった。

挑戦者決定戦で実力差を覆した「工夫」

有刺鉄線ボード&ラダーデスマッチで行われた金村選手との再戦は、自分にとっては初となるシングルの後楽園メインだった。

改めて対戦した金村選手は、当たり前の話だが圧倒的に強かった。何度も何度も有刺鉄線ボードやラダーに叩きつけられ、額も割られて流血に追い込まれる。

しかし、どんなに痛めつけられても、自分でも不思議なくらいに肩が上がった。そして立ち上がって反撃することもできた。

俺ってこんなに強くなっていたんだ……。

プロレスラーになって最も痛めつけられた試合だったが、それでも試合中にそんな思いが頭をよぎった。

そんな自分を担ぎ上げた金村選手は、有刺鉄線ボードに叩きつけた。

サンダーファイアー・パワーボム。

背中から後頭部に有刺鉄線の針が刺さる痛みが走り、その直後に凄まじい衝撃で脳が揺れた。それでも肩を上げようとしたが、今度は体が動いてくれなかった。

完敗ではあったが、対戦相手の金村選手をはじめ、多くの人たちにとっては、予想をはるかに上回る善戦だったようだ。

そして金村選手は翌月の8月24日の横浜文体大会で行われる、デスマッチ王座の挑戦者に自分の名前を上げた。それに待ったをかけたWXさんと、8月10日の後楽園大会で挑戦者決定戦を行うことになる。自分としては望むところの展開だった。勢いこそあったものの、金村選手のベルトに挑戦するだけの結果は、まだ出せていなかったからだ。

もちろんWXさんは強敵だ。しばらくデスマッチのベルトから遠ざかってはいたが、当時の自分よりも20キロ以上重かったし、シングルはもちろんのこと、タッグでも一度も勝ったことがなかった。

実力的にはWXさんの方が、自分よりも明らかに上だった。しかし、デスマッチでは工夫と作戦次第で、このような実力差を覆すことができる。考えに考えた末に、自分はあるアイテムを制作した。有刺鉄線を蜘蛛の巣のように編んだスパイダーネットだ。

WXさんとの体格、キャリア、攻撃力の差を覆すには、動きを止めてしまうことが最も合理的。動けなくしてしまえば攻撃はできないし、自分の攻撃をかわすこともできない。

試合は序盤から自分の劣勢が続いたが、必死に肩を上げ続けた末に、ようやく自分のチャンスが訪れたところで、スパイダーネットでWXさんの体を素早く拘束する。

敢えて有刺鉄線を蜘蛛の巣のように加工したのは、見た目のインパクトもさることながら、相手を最も素早く、かつ効率的に拘束できるからだ。

身動きができなくなったWXさんに、ドラゴンスプラッシュを投下！

しかし、さすが元デスマッチ王者。後輩の自分に負けてたまるかと肩を上げる。

ならばと、起き上がってきたWXさんの膝を踏み台にして、側頭部に回し蹴りをぶち込んだ。

ドラゴンキッカー！

自分のスネも痛いくらいの衝撃！　そして無我夢中でスパイダーネットに包まれたWXさんの体を押さえ込んだ。

自分の体にも有刺鉄線の針が刺さる痛みに耐えながら、レフェリーがマットを叩く音を聞いた。

1回、2回、3回！

勝った！

こうして自分は8月24日の横浜文体で、金村選手のデスマッチ選手権に挑むこととなった。5月の初旬に人知れず一関でデスマッチ・デビューした日から、まだ3カ月余りしか過ぎていなかった。

レスラー人生を変えたデスマッチ選手権

金村選手とのデスマッチ選手権の試合形式は、金網デスマッチになった。これは挑戦者である自分の要求だった。金網を選んだ理由は、初対決の赤レンガの時のように、お互いのセコンドの介入を阻止したかったことが一つ。そしてもう一つの理由は、金村選手に勝つためには、金網の高さを利用するしかないと考えたからだ。

金村選手もヘビー級ながら、爆ＹＡＭＡスペシャル（ダイビング・セントーン）をはじめとする、高さを使った攻撃は得意だったが、そこはイチかバチか。こちらも大きなリスクを背負わなければ、勝てる相手ではない。

初めて足を踏み入れた金網は、独特の威圧感があった。ただ、開場前に一度金網を組んでみた際に、試しに登って立ってみた時に、この高さならドラゴンスプラッシュも飛べると思った。

こう思った時は実際に飛んでも成功する。逆に「ヤバいかも」と思った時は失敗したり、下手をすると怪我をしてしまう。

問題は飛ぶチャンスが訪れるかどうか？

いや、飛べる展開まで持っていけるか？

そんなことを考えながら、後から入場してきた金村選手を凝視した。肩には机を2つ担いでいる。そして、リングのコーナーには事前に椅子が用意されていた。

金村選手はデスマッチファイターとしては、蛍光灯やガラスのようなアイテムよりも、机や椅子を使うのが得意なタイプだ。

実際、ゴングが鳴ると机と椅子を使った攻撃で、さんざん痛めつけられた。自分も必死に反撃を試みるが、やはり金村選手の強さは圧倒的だ。

そして自分を机の上に横たえ、金網の上に登ろうとする金村選手が叫んだ。

「こんなところから飛べるのは俺だけや！」

その声が途切れかけていた自分の闘志を呼び覚ました。

ふざけるな、アンタだけじゃない！

自分でも信じられないような素早さで、机の上で起き上がるとコーナーに駆け上り、金網の上からエプロンめがけて、金村選手をブレーンバスターで投げ落とした。

リングの中で最も固いエプロンに、金網の最上段から投げ落とされて、さすがの金村選手も動きが止まる。

このチャンスを逃さず、金村選手を机の上に横たえると、今度は自分が叫ぶ。

「俺が飛ばなくて、誰が飛ぶんだぁ！」

その言葉通り金網に素早く登って、頂上の鉄骨の上に立つ。眼下には机に横たわった金村選手。机の高さがある分だけ、開場前に登った時よりも低く感じた。

これなら余裕だ。

両手を拡げながら呼吸を整えて、思い切りジャンプしてのドラゴンスプラッシュ！

自分の体にも凄い衝撃が返ってきたが、机が真っ二つに割れたのがわかった。勝ちを確信しながら、金村選手の体に覆いかぶさる。

ところが金村選手は肩を上げた。

すぐさま追撃したかったが、自分もダメージで立ち上がれない。それどころか、先に立ち上がったのは金村選手の方だった。

これが踏んできた修羅場の数の差か。

先に立ち上がった金村選手は、信じられないような闘志とパワーで、次々と強烈な技を繰り出してくる。そして高々と抱え上げられてのサンダーファイアー・パワーボム。

後楽園では自分がカウント3を奪われた技で、金村選手もこれで終わったと思ったはずだ。

しかし、今度は自分が肩を上げた。金村選手が驚いたような表情を見せた。

ごく稀なことではあるが、一つの試合の中で選手が急激に強くなっていくことがある。この試合の自分がまさにそうだった。

それでも追撃してくる金村選手のローリング・エルボーに、カウンターのハイキックを合わせる。あと1回でも反撃を許したら、もう絶対に勝てないと思った。

攻撃の手が緩んだ金村選手に、無我夢中で技を繰り出す。

飛び膝、ドラゴン・スープレックス。

それでも金村選手は肩を上げる。

最後の力と気力を振り絞ってドラゴンキッカー。倒れた金村選手を必死に押さえ込む。

あれほどレフェリーのカウントが、長く感じたのは初めてだった。

1……2………3！

3つ目のカウントの後に、試合終了のゴングが鳴った瞬間、ダメージと疲労で全身の力が抜けた。

でも倒れているワケにはいかなかった。

なぜならば、デスマッチ王者となったこの瞬間は、ゴールではなく始まりに過ぎなかったからだ。

必死に立ち上がった自分は、今まで経験したことがないような大歓声の中で、横浜文体のメインで初めての勝ち名乗りを受けた。

春先までは無名の中堅レスラーだった自分は、夏の終わりにデスマッチ王者、そして大日本のエースとしての第一歩を踏み出した。


この数年後、ある不祥事を起こしたことによって、大日本は金村選手と絶縁することとなる。苦しい時に力を貸してくれた恩人だっただけに、それは大日本にとって苦渋の決断だった。そして、自分と金村選手とのシングルはこの試合が最後となる。

練習生から新人時代に、本間朋晃さんと山川竜司さんから、プロレスの基礎を教わった。

若手時代にMEN'sテイオーさんからプロレスの技術と理論を学んだ。

そして、この試合を含む何度かの闘いを通じて、金村キンタロー選手が自分にプロレスの魂を叩き込んでくれた。

お互いにとっても不本意な別れ方をしてしまったが、金村選手から叩き込まれたプロレスの魂は、プロレスラーである限り自分の中から消えることはない。

#【第2章】チャンピオンの栄光と挫折

発達途上のデスマッチチャンピオン

デスマッチ王者になって、最初にやったことの一つがベルトの改造だった。

当時のデスマッチ王座のベルトは2代目。初代のベルトは有刺鉄線が巻かれた椅子を三脚並べた、非常にデスマッチ王座らしいデザインだったのだが、これは元王者のザンディグがアメリカに持ち帰ったまま、行方不明になってしまった。

そこで金村選手とWXさんで王座決定戦を行う際に、新たなベルトを制作したのだが、これが小ぶりなサイズの上に、初代に比べるとあまりにも普通のデザイン。どう贔屓目《ひいきめ》に見てもデスマッチ王座のベルトらしくなかった。

そこで自分は練習生時代からのデスマッチ・アイテム作りの経験を活かし、ベルトに黒い有刺鉄線で蜘蛛の巣状のデコレーションを施した。一気にデスマッチの頂点の証《あかし》らしい、禍々《まがまが》しい輝きを放つようになったベルトを、試合の際には常に腰に巻いて入場するようになる。

まだ27歳でデビューから4年余り。この頃の自分には貫禄も知名度も足りず、とりわけ地方の大会では、まずはチャンピオンであることを知ってもらうことが重要と考えたからだ。

ただ、チャンピオンにはなったものの、当時の自分はキャリア的にも、まだまだ成長過程の選手だった。と同時に短期間で急速に強くなった自負もあった。

負けた悔しさを糧《かて》にして、人間は強くなっていくという話をよく聞く。

たしかに負けた悔しさが、強くなるための糧になる場合もあるだろう。ただ、こと自分を振り返ってみれば、わずか数カ月の間に急激に強くなったのは、負けた悔しさが糧になったからではない。むしろその逆だ。

デスマッチを始めてからの短い期間に、自分は今まで勝てなかった格上の相手から、次々と勝利を収めて、その度に強くなっていった実感があった。

それまで勝てなかった相手に勝つためには、自分の限界を大きく更新することが求められる。それは肉体的にも精神的にもとても苦しいことだが、そんな苦しさが選手を強くしてくれる。

他の勝負事はわからないが、少なくともプロレスは100回の善戦よりも、たった1回の予想を覆す勝利の方が、選手を強くするための糧になると断言できる。

挑戦者決定戦でWXさんに勝てたのも、金村選手からデスマッチ王座を奪えたのも、短期間で先輩からの勝ちを重ねたことによって、相手がイメージしていた以上に、自分が強くなっていたことが大きな勝因だったと思う。

それでもチャンピオンになったばかりの自分に求められていたのは、さらなる強さだった。もちろん日々の地道な練習は大前提だが、それだけではベルトを長く腰に巻き続けることはできないだろう。何しろ挑戦者候補は自分よりもキャリアが上で、まだシングルで勝ったことがない選手ばかりなのだ。

実際、ベルトを奪った後の9月の後楽園大会では小林さんに、翌月の札幌大会ではWXさんにシングルで負けていた。

ノンタイトルだったから良かったようなものの、タイトルマッチだったら短期王者で終わっていた。

初防衛戦はおそらく12月に行われる横浜文体大会。挑戦者が誰であれ、当たり前に勝てる相手ではないだろう。勝って初防衛を果たすためには、何かを変えることが必要だった。

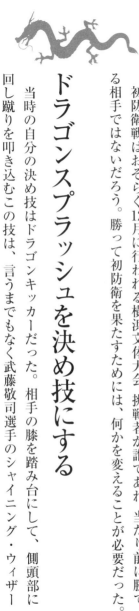

ドラゴンスプラッシュを決め技にする

当時の自分の決め技はドラゴンキッカーだった。相手の膝を踏み台にして、側頭部に回し蹴りを叩き込むこの技は、言うまでもなく武藤敬司選手のシャイニング・ウィザードをアレンジしたもの。

WXさんとの挑戦者決定戦も、金村選手とのデスマッチ選手権も、この技が決まり手となって勝つことができた。

ドラゴンキッカーの長所は威力もさることながら、相手を膝立ちの状態にさえすれば、間髪入れずに繰り出すことができること。勝負どころでは、この〝間髪入れず〟というのが、重要になってくる場合が多い。

一方、すでに使用していたドラゴンスプラッシュは、コーナーに上がって飛ぶまで、相手をダウン状態にしなければならない。当然、使うチャンスはドラゴンキッカーよりも少ないし、自爆のリスクもあった。

だからチャンスがあれば先にドラゴンスプラッシュを出して、返されればドラゴンキッカーでトドメを刺すのが、その頃の自分の勝ちパターンだった。

ただ、必殺技も使い続けていれば、相手も受け方やガードのコツを覚えて、決まり手にならなくなってくることが多い。実際、小林さんにもWXさんにも、ドラゴンキッカーを返され、ガードされた末に敗れた。

このままドラゴンキッカーを決め技とし続ければ、遠からず自分はベルトを失うことになるだろう。かといって次の必殺技が簡単に開発できるほど、プロレスは甘いものではない。

実戦で試行錯誤を繰り返しながら出た結論は、ドラゴンスプラッシュを決め技に昇格させることだった。

最大の理由はドラゴンキッカーよりもドラゴンスプラッシュの方が、デスマッチという試合形式に向いていたからだ。

膝立ちの相手に放つドラゴンキッカーは、技を放つチャンスが多くなる一方で、蛍光灯をはじめとするデスマッチ・アイテムと組み合わせて、威力を強化することがむつかしい。

しかしドラゴンスプラッシュは、ダウン状態の相手の上にアイテムをセットすることで、威力をアップすることができる。

さらに金網やラダーを使えば、コーナーより高い場所から放つことができる。飛んだ場所が高ければ高いほど、相手の体に落下した際の威力もアップする。

自分が現在までドラゴンスプラッシュを、決め技として使い続けているのは、工夫次第でいくらでも強化できる、デスマッチとの相性が非常にいい技だからなのだ。

もちろんドラゴンスプラッシュは、放った自分も少なからぬダメージを負う、肉を切らせて骨を断つ捨て身技だし、自爆した際のリスクも大きい。

しかし、一度決めたらもはや迷いはなかった。

こうして12月の初防衛戦に向けて、ドラゴンスプラッシュをさらに磨く一方で、新たなアイテムの開発に取り掛かった。

板状に束ねた蛍光灯が象徴的なアイテムに

ドラゴンスプラッシュと組み合わせて、最も強力なアイテムはやはり蛍光灯だ。それも1本や2本ではなく、より多く束ねた方が強力になる。

それまで多くの蛍光灯を束ねる際には、中心の1本を6本の蛍光灯で囲んだ7本束、それをさらに12本の蛍光灯で囲む19本束が用いられてきた。

7本束でも十分に強力で、19本となるとさらに強力だったが、この束ね方には大きな欠点があった。

この方法で束ねると円筒形になってしまい、仰向け状態の相手の上に置いても安定しないのだ。実際、コーナーに上がっていざ飛ぼうと思ったら、相手の体の横に転がり落ちていたこともあった。

これではせっかくの勝機を逃してしまう。

そこで蛍光灯を板状に束ねる方法を探った。板状に束ねれば相手の体の上から、転がり落ちることはない。ただ、実際にストローなどで試してみればわかるが、円筒形の蛍光灯を板状に束ねようとしても、なかなか上手くいかない。

円筒形の蛍光灯を安定した板状に束ねようとすると、3本と2本の2段で5本までが限界だった。これ以上の数にすると形が安定しないのだ。しかし5本ではトドメに使うには、いかんせん威力に欠ける。

そこで役に立ったのが高校時代の得意科目である数学、それも幾何の発想だった。まず5本の束を3つ作る。それを3束連結することで、8本と7本の2列15本の束を作ることができたのだ。実際に自分の上にセットしてみると、円筒形の束とは比較にならないほど安定感があるし、幅も人間の上に置くには頃合いだ。

こうして開発した板状に束ねた蛍光灯は、現在に至るまで自分の象徴的なアイテムとして、多くの試合で勝利をアシストしてくれた。

一方、9月の後楽園のシングルで敗れた小林さんには、10月の徳島大会で行われた6人タッグでもフォール負けを喫した。

徳島大会の6日後に行われた、後楽園のタッグマッチではフォールを奪い返したが、それでも自分の方が負け越していた。それどころか小林さんには、まだ一度もシングルで勝ったことがなかった。

同い年ではあるが4年先輩で、自分よりもはるかに豊富なデスマッチ経験があり、公称165キロの現在よりも細かったとはいえ、それでも120キロを超えていた小林さんは強敵だ。

しかも、当時はまだデスマッチ王者になったことがなかった小林さんは、後輩の自分がチャンピオンになったことを、チャンス到来と考えて大いに張り切っていた。

だからといって背を向けたら、もはや自分はチャンピオンとしてベルトを巻いている資格はない。12月24日の横浜文体で行われる初防衛戦の相手に、自分は小林さんを指名した。

思ってもいなかった2003年の終わり

リング・オブ・デス蛍光灯&バーブドワイヤーボード&ガラスデスマッチ。

これが自分と小林さんのデスマッチ選手権の試合形式だった。ロープ2面に蛍光灯を吊るし、残りの2面には有刺鉄線を巻きつける。さらにコーナーには有刺鉄線ボードと、1畳分の大きさの強化ガラスを2枚ずつセット。これに自分と小林さんがそれぞれ持参したアイテムが加わる。

ビッグマッチのメインで、自分にとっては初防衛戦。小林さんにとってもベルト初戴冠の大チャンスとあって、会社も含めて張り切ってしまった結果、このように長い名前で、アイテムたっぷりの試合形式となった。

見た目のインパクトも大事なデスマッチにおいては、時にはこのようにアイテム過剰な試合形式が行われることがある。

ただ、実際に入場してリングに入ってみると、少しばかり後悔してしまった。

まず蛍光灯と有刺鉄線によって、ロープワークに制約が加わる。有刺鉄線とガラスのボードは、コーナーを利用した飛び技を阻む。

これはスピードと飛び技が武器である、自分の方が不利な試合形式だった。

実際、とりわけ前半戦は小林さん優勢の展開が続いた。流血の量も自分の方が多く、ガラスボードに叩きつけられたのも、自分の方が先だった。

勝負に出た小林さんは、自分が用意した蛍光灯ベスト（ベストの前面に短めの蛍光灯を装着）を着用。これには心底腹が立った。

人が苦労して作ったアイテムを、盗んでるんじゃねぇ！

突進してくる小林さんを、蛍光灯ごと蹴り抜いた。さらにリング下に隠していた秘密兵器を取り出す。

新人時代に先輩のリクエストで作らされた、発光する蛍光灯の束、後に蛍光灯ライトセーバーと呼ばれるようになるアイテムだ。

これで脳天を一撃。蛍光灯も本来の役割を得て気合いが入ったのか、普段以上の威力を発揮したようだ。蛍光灯は派手に砕け散り、小林さんは仰向けに昏倒する。

ここが勝負と小林さんの上に、蛍光灯の束、有刺鉄線を巻いた巨大サボテン、さらに残ったガラスボードをセット。

そして、この試合で一度は返されていたドラゴンスプラッシュを投下！

着地の衝撃とともにガラスボードが粉砕され、続いてサボテンの針、有刺鉄線、蛍光灯やガラスの破片が、胸や腹に突き刺さると、激痛が襲ってきた。

それでも必死に押さえ込み、レフェリーのカウントが3つ目を数えた。

勝った！　初防衛に成功。

そして、この試合の決まり手となったことで、ドラゴンスプラッシュは自分の必殺技となった。

コーナーに上がって勝ち名乗りを上げる。

春先まで無名の中堅レスラーだった自分が、こうして1年の最後に行われたビッグマッチのメインで、チャンピオンとしてお客さんの祝福に応えている。

こんな1年の終わりを予想していた人など、少なくとも夏あたりまでは一人もいなかったはずだ。誰よりも自分自身が、こんな1年の終わり方を迎えるなど、つい半年前には夢にさえ思っていなかった。

それでもコーナー上から見渡す客席には、まだまだ空席が多かった。この空席を埋めていくことこそが、デスマッチ王者にして大日本のエースとなった自分の仕事だった。

超満員札止めの後楽園で防衛戦に臨む

デスマッチ王者として年を越して迎えた2004年、自分は4月に非道選手、5月にマッドマン・ポンド、7月にgosaku選手を相手に防衛戦を行った。

4カ月に3度の防衛戦は、デスマッチ王者としてはかなりのハイペースだ。しかも5月のポンド戦は4月の非道戦の半月後。かなり無茶で肉体的にもハードなスケジュールだったが、あの立て続けの防衛戦が、新米王者の自分を大きく成長させてくれた。

まず4月の非道戦。元FMWの非道選手はアメリカ遠征から帰国すると、横浜アリーナ大会の少し前から、大日本にレギュラー参戦するようになった。

理由は単純明快にデスマッチをやりたかったからだ。だからキャリア的にはずっと下だった自分のベルトにも挑んできた。

非道選手とは前の年の12月に、コンビを組んでタッグ王者になったこともあったが、4日後の初防衛戦で負けてしまった。BJWタッグ王座史上最短在位記録だ。

ただ、タッグ王者になった試合でも感じていたが、自分にとっての非道選手は、やはり組むよりも闘うべき相手だった。

非道選手との防衛戦が行われた4・29後楽園大会は、大日本にとっては久しぶりの超満員札止めとなる。

これは日本初登場となる元WWEの隻脚《せききゃく》ファイター、ザック・ゴーウェンの人気によるところも大きかった。だが、そうやってザック目当てに大日本に初めて来たファンを、リピーターにするのがエースである自分の役目だ。

しかし非道選手は強敵だった。身長も体重もキャリアも自分より上だったが、この人の本質的な怖さは、「殺せるものなら殺してみろ。ただしこっちが先に殺してやる！」という、凄まじいほどの殺気だった。

少しでも気を抜けば、たちまちその殺気に圧倒されてしまう。実際、非道選手の容赦のない攻撃に、何度となくカウント3を奪われそうになった。

ただ、この日は、普段よりも多かったデスマッチを初めて目にする観客の、ひときわ大きい悲鳴や歓声が、自分の心を奮い立たせた。

デスマッチは、伊東竜二は、こんなもんじゃない！

反撃に転じた自分は、非道選手の上にガラスボードをセットしてのドラゴンスプラッシュ！

しかし非道選手は肩を上げる。

ならばと持参した蛍光灯簾（すだれ）で非道選手を拘束して、2発目のドラゴンスプラッシュ!!

ところが、これも返されてしまう。

最も自信がある技は、多くの場合は最後の力を振り絞って放つ。だからこそ技が返された時には、大きな精神的ダメージを受けて相手の反撃を許してしまい、そのまま負けてしまうことも珍しくない。

ガラスボードを使った1発目も、蛍光灯簾を使った2発目も、試合を絶対に終わらせるつもりで飛んだし、自分自身も肉体的に大きなダメージを負った。

そんな2発を立て続けに返されたのだから、精神的なダメージもかなり大きかった。

多くの観客も2発目を返された時点で、自分の負けを予想したことだろう。

しかし、自分の心は折れなかった。再びコーナーに登ると、今度は前方に回転しながら非道選手の上に落下。

ファイアーバードスプラッシュ！

金村選手とのデスマッチ選手権以来、久しぶりに復活させたこの技が決まり手となって、非道選手から3カウントを奪うことができた。

この試合の半月後に横浜赤レンガ倉庫のポンド戦、そして7月の後楽園のｇｏｓａｋｕ戦（史上初の蛍光灯300本デスマッチ）も勝って防衛に成功。当然のように楽に勝てた試合などなかったが、この4カ月に行われた3度の過酷な防衛戦を通じて、自分は本当の意味で王者として認められたような気がする。

こうしてデスマッチ王者になって、丸1年を迎えようとしていた自分は、あるプロジェクトを実行しつつあった。

迷う大介の背中を押し、外堀を埋める

この年の夏あたりから、ついに大介がデスマッチに参戦するらしいという噂が、大日本周辺で流れ始めた。ぶっちゃけた話をしてしまえば、自分がマスコミ関係の人たちに、機会があるごとにこんな話をしていたのだ。

「そろそろ大介がデスマッチをやろうとしているみたいですよ」

もちろん、こんな噂を流したのには理由がある。大介は実際にデスマッチをやるべきか悩んでいて、何度か相談もされていたのだ。

当時の大介はやや行き詰った状況にあった。他団体での試合も増えていたし、実力もめきめきと上昇していた一方で、なかなか目立った結果を出せないでいた。

また、自分がデスマッチ王者になってからは、大きな大会でメインを任される機会も少なくなっていた。

この2004年の夏でデビュー5周年という大介のキャリアを思えば、焦ったり悩んだりするほどの停滞ではなかったと思う。しかし当時の大介は結果が出せない自分が、大日本に貢献できていないことを悩んでいた。このあたりが真面目で努力家である、大介の長所でもあり短所でもある。

そのような状況の中で、大介は自分がデスマッチをやることで、大日本に貢献できるのでは？　と、考えるようになったのだ。

また当時の大日本ではデスマッチをやらない選手は、本当の意味でトップに立つことはできなかった。大介も当然のように大日本のトップに立ちたかったのだ。

ただ、新人時代からセコンドとしてデスマッチを間近で観てきた大介は、その過酷さも怖さも知っていた。だからこそ簡単には結論を出せずにいたのだ。

そんな大介を近くで見ていた自分は、気持ちはわかる一方でもどかしさも感じていた。迷っているくらいなら、思い切って一度やってみればいい。向いていないと思えば、また通常ルールの試合で頑張ればいいのだ。

だから、なかなか踏ん切りがつかない大介の背中を押すために、「関本大介がデスマッチ参入か⁉」という噂を流して、外堀を埋めようとしていたのだ。

会社の方も同じように考えていたようで、この年の夏あたりから、大介にハードコアマッチが多く組まれるようになった。

デスマッチもハードコアも、通常ルールならば反則となる攻撃が許される試合形式だ。では何が違うかと言えば、試合前から設置されている、デスマッチ・アイテムの有無ということになる。

リングの周囲にもある椅子やテーブルはまだしも、常識的にはリング内にあり得ない、有刺鉄線や蛍光灯が1本でもリング内に設置されていれば、少なくとも大日本ではデスマッチである。

もちろんハードコアは反則OKなので、持ち込んだ凶器を使用することも許される。

それでもデスマッチ未経験の選手にとっては、有刺鉄線や蛍光灯が試合前からリング内にセットされていない分、ハードコアの方が気持ちの面でのハードルは低い。

会社としては迷っている大介に対して、まずはハードコアをやってみて、その上でデスマッチをやるかやらないかを決めればいいという考えだったのだろう。

自分も何度かハードコアマッチで大介と組んだが、あのパワーと打たれ強さは、試合形式が何であれ味方にすれば心強いし、敵に回せば脅威になると感じた。

本人も徐々にデスマッチをやる方向で、気持ちが固まりつつあったようだ。そんな大介に対して会社は、「ここで結論を出せ」と言わんばかりのカードを組んだ。

大介が見せたデスマッチハイという素質

9月28日の後楽園大会のメインで組まれたのは、伊東竜二&関本大介組対アブドーラ・小林&沼澤邪鬼組の、ストリートファイトラダータッグデスマッチ。デスマッチと銘打たれてはいるが、切れたり刺さったりするアイテムがないので、ハードコアとデスマッチの中間くらいの試合形式だ。

結果は自分が沼澤をドラゴンスプラッシュで仕留めたのだが、この試合後に大介は本格的にデスマッチの世界に、足を踏み入れる決意を固めた。対戦相手に指名したのは、この前日に行われたお台場大会のタッグマッチで、血だるまにされた末に敗れたマッドマン・ポンドだった。

待ってましたとばかりに会社は翌月の後楽園大会で、大介対ポンドの蛍光灯デスマッチを組む。大介にとっては初の蛍光灯を使用するデスマッチだった。

このカードを聞いた時に、大介にとってはハードルの高い試合だと思った。初の蛍光灯デスマッチもさることながら、ポンドは大介とはあまりに異質なプロレスラーだったからだ。

CZWの一員として来日したポンドは、大の日本好きだったこともあって、CZWとの絶縁後も自分から「CZWとは手を切ったから」と売り込んできて、大日本にレギュラー参戦していた。

タイプとしては著しくデスマッチに特化したプロレスラー。ぶっちゃけた話をしてしまえば、「お前、誰に教わったんだ?」と呆れるくらいに、レスリングの基本技術はお粗末で、受け身も下手くそだった。

しかしレスリングでの勝負を放棄した試合スタイルは、闘ってみるとかなり厄介で、自分も前の年にデスマッチ王座を賭けて対戦した際には、かなりの苦戦を強いられた。

レスリングの攻防に持ち込むことができれば、当然のように大介が有利だが、そんなことはポンドの方も百も承知。大介にレスリングの技術を使わせない、荒っぽい試合に持ち込むことは明らかだ。つまり大介のパワーや技術が、簡単には発揮できない相手だったのだ。

実際、この試合では序盤戦の段階で、大介は大流血に追い込まれ、初めて経験する蛍光灯の破片で切り刻まれる痛みに苦戦が続いた。何とか逆襲に転じても、すぐにポンドのラフ攻撃で主導権を奪い返されてしまう。

ただ劣勢が続きながらも、試合が進むにつれて大介の動きが変化してきた。前半戦は蛍光灯の攻撃を食らうと、動きが止まっていたのが、徐々に反撃のタイミングが早くなってきたのだ。

自分もデスマッチを始めた頃に経験してきたことだが、痛みやダメージがある一線を越えると、攻撃を受けても逆に闘志が燃え上がり、限界を超えて体が動くようになるのだ。言わばデスマッチハイである。このような状態になることができるか否かが、デスマッチファイターとしての重要な素質の一つだ。そして大介にはこの素質があった。

トドメを狙ったポンドのローリング・セントーンを自爆させると、大介は一気に勝負に出た。まずは強烈なラリアット。これを辛うじて返したポンドのバックに回ると、格子上に組まれた蛍光灯へのジャーマン！

もはやポンドの体には、肩を上げる力は残っておらず、レフェリーのカウント3が入る。自分の持ち味を殺す相手に苦戦を強いられた末の、見事な逆転勝利だった。

勝った大介はマイクを握ると自分に対して、12月18日の横浜文体でのデスマッチ選手権挑戦を要求してきた。すると非道選手が出てきて、大介の挑戦に待ったをかける。

デスマッチの経験は少ない大介だが、自分自身の経験を振り返れば、横浜文体までに急速に強くなる可能性は十分にあった。ファンも自分と大介のデスマッチ選手権を期待していることは、挑戦要求後の大歓声が証明していた。

一方、非道選手には、一度は勝って防衛に成功していたが、その後も何度となく闘っているうちに、もう一度デスマッチのベルトを賭けて、対戦したいという気持ちが強くなっていた。

ならば自分も含めて誰もが納得する解決策は一つ。大介と非道選手で挑戦者決定戦を行い、勝った方を横浜文体で迎え打てばいい。

こうして翌月の11・23後楽園大会で、大介と非道選手で挑戦者決定戦が行われることとなった。この時点でファンの期待も含めて、風は大介の背中を押しているように見えたのだが……。

非道選手の反骨心と意地と怒り

大介と非道選手の次期挑戦者決定戦は、スクランブルバンクハウスデスマッチで行われた。ただし公認凶器の有刺鉄線バットは天井から吊るされ、コーナー2面には有刺鉄線ボードがセットされた。

今から思えばこの形式自体が、必勝を期していた非道選手の作戦だったように思える。先にリングに駆け込み、リング内のラダーを登って、有刺鉄線バットを奪おうとした大介だったが、後からリングインした非道選手は、余裕の表情でラダーを押し倒してしまう。経験豊富な非道選手は、スクランブルバンクハウスのセオリーを熟知していたのだ。

この試合の非道選手から強く感じたのは、大介の勝利を願う会場全体の空気に対する、「そうはさせるか、俺をナメるな！」と言わんばかりの、反骨心と意地と怒りだった。大介も何度か反撃に転じるのだが、試合は非道選手優勢で進んだ。

そして、大介をダウンさせた非道選手が有刺鉄線バットを手にした。

有刺鉄線バットの本当の怖さは、突き出た針よりも質量だ。有刺鉄線の巻き方にもよるが、その質量は5キロ近くになる。その5キロに遠心力と重力による加速が加わるのだから、当たれば強烈な衝撃が内臓まで響く。

そんな恐ろしい有刺鉄線バットが、仰向けにダウンした状態の大介に、一切の躊躇なく振り下ろされた。鎧のような大胸筋の持ち主である大介だったから大事には至らなかったものの、自分なら絶対に食らいたくない一発だった。

この一撃は肉体的なダメージだけでなく、大介の心まで砕いてしまったようだ。その後も反撃には転じるものの、大介の攻撃には魂が込もっていなかった。

技は形だけではなく、使い手の魂が込められることで本来の威力を発揮する。同じ技でも決まり手になる場合とならない場合があるのは、技量や使うタイミングも大きいが、技に魂が込められているか否かも重要な要素なのだ。

だから技に魂を込めることができなくなった時点で、大介の勝ち目はなくなっていた。

こうして大介に圧勝した非道選手が、自分への挑戦権を勝ち取った。

試合後、様々な人から「関本選手が負けて残念でしたね」という内容の言葉をかけられた。たしかに大介とデスマッチ王座を賭けて闘いたい気持ちはあったが、自分が求めていたのはあくまで最強の挑戦者だ。大介が負けた結果を残念と思うくらいなら、挑戦者決定戦など抜きにして大介を指名していた。

そもそも大介に圧勝した非道選手は、間違いなくあの時点で最強の挑戦者だった。しかも、一度は敗れている後輩の自分に、再び挑んでくるベルトへの執念には、4月に対戦した時以上の脅威を感じていた。

ちなみにこの年の11月以降の大会は、設立10周年シリーズと銘打たれていた。大日本プロレスの旗揚げ戦は95年だが、会社として設立されたのは前年の94年だったからだ。そこで10周年にちなんで、12・18横浜文体大会で行われる自分と非道選手のデスマッチ選手権は、10のアイテムを使用する10アイテムデスマッチで行われることとなった。場外には木枠にセットされた蛍光灯、有刺鉄線、ガラスボード。リング内には五寸釘を打ち付けた十字架、画鋲が入った袋、サボテンが置かれ、2つのコーナーには蛍光灯を貼り付けた椅子がセットされる。

これに非道選手が有刺鉄線バット、自分が板状の蛍光灯束と有刺鉄線スパイダーネットを持ち込んで合計で9アイテム。そして残る一つがこの試合の目玉となる、本邦初公開のアイテムだったのだが……。

ありったけのアイテムを積み重ねて

10アイテムデスマッチという試合形式が決まった際に、過去のデスマッチの歴史を振り返るアイテムだけではなく、見た目にも強烈なインパクトがある、新たなアイテムを制作しようという話になった。

そこで知り合いの舞台美術関係の方と相談を重ね、選手が衝突すると作動する、巨大蛍光灯ネズミ捕りというアイデアが出てきた。完成予想図のイラストを見ると、見た目にも相当なインパクトがある。

さっそく舞台美術関係者のアシストを受けて、制作に取り掛かったのだが、いざ作り始めると予想よりもはるかに厄介な代物だった。

まず、立った状態で衝突した選手を、蛍光灯が割れるくらいの勢いで挟み込むには、相当な高さが必要となる。

しかも、その高さを安定して立たせるには、けっこうな広さの土台が必要となる上に、そんなものをリングの中央に置くと試合にならないので、設置場所はエプロンを含めたコーナー周辺に限られる。

さらに厄介だったのは、どれくらいの衝撃で仕掛けが作動するかの加減だった。ぶつかっても作動しないのは論外だが、かといってリングやロープが揺れたくらいで、誤作動してしまうのも間抜けな話。

何度となく実験と試行錯誤を繰り返し、どうにか大会までに完成にこぎつけることができた。もちろん不安はあったが、もはや開き直るしかない。

そして迎えた大会当日、メインのデスマッチ選手権前にセコンド陣によって、巨大蛍光灯ネズミ捕りがリング内に設置されると、場内には「これ、本当に大丈夫か?」という、不安に似たどよめきが起きたという。

たしかに入場した際に目にした巨大ネズミ捕りは、ちょっとしたリングやロープの振動でも、頼りなくゆらゆらと揺らいでいた。

ただ、選手コールの頃には「まあ、なるようになるだろう」と、いい意味で開き直っていた。対角コーナーの非道選手はといえば、現物を見るのは初めてだっただけに、自分よりも不安は大きかったはずだが、やはり開き直ったような表情で自分を凝視していた。

そう、自分たちがこれから闘うのは、巨大ネズミ捕りではなく目の前の相手なのだ。

そして試合開始のゴングが鳴った。

前半戦は自分たちの攻防だけでなく、受け身やロープワークの度に揺れて、今にも誤作動を起こしそうになる巨大ネズミ捕りに、客席から「あああ……」という声が沸き起こる。

そこで非道選手を捕まえると、一緒に巨大ネズミ捕りに突っ込んだ。一瞬の間を置いて仕掛けが作動し、セットされた蛍光灯が自分たちの体と衝突して砕けた。

ダメージは五分と五分。ただ、これでリング内の不確定要素はなくなった。ここから一気に攻防は加速する。用意されたアイテムは次々と消費されていく。

大介の仇《かたき》とばかりに有刺鉄線バットのフルスイングを命中させ、椅子に埋めた非道選手にドラゴンスプラッシュ。しかし返される。すぐに立ち上がると、ありったけのアイテムを非道選手の体に積み重ねて、2発目のドラゴンスプラッシュを投下した。

今度は山と積まれたアイテムで身動きができなかったため、非道選手も肩を上げることはできなかった。強敵を下して5度目の防衛を果たし、デスマッチ王者として2度目の年を越すこととなった自分は、バックステージでずっと胸に抱いてきた、思いのたけをぶちまけた。

「大日本の10周年なのに相手は非道？　大日本のみんなは何をやってるんだよ。噛みついてきたのは大介だけじゃねえか。それなら俺は外に目を向けさせてもらう。葛西純を大日本のリングに上げる！」

もしも葛西さんが大日本に残っていたら

葛西純という名前を試合後に口にしたのは、この時が2度目だった。

最初は金村選手からデスマッチ王座を奪った試合後。チャンピオンになった自分が、誰と闘ったら一番面白いかと考えた時に、口から出てきたのが葛西さんの名前だった。

特に深い考えがあって口にした名前ではなかったし、ここまで読めばわかるように、結果としてこの時まで、葛西さんとの対戦は実現していなかった。これは当時の葛西さんが所属していたZERO－ONEと、大日本の関係が微妙だったこともあるが、自分も実現に向けて積極的には動こうとしなかった。しかし、非道選手との対戦を終えた後に、葛西さんの名前を出したのは、葛西さんに対する自分からの明確なメッセージであり、今度は何としてでも実現させるという、決意表明でもあった。

大日本を辞めた後に、膝の負傷による約1年の欠場を経て、葛西さんはZERO－ONEに入団した。ZERO－ONEでの葛西さんは、たまにハードコア的な試合はしていたが、大日本のようなデスマッチをする機会はなかった。

主戦場となっていたのはジュニアヘビー級戦線。かといって主役というほどの活躍もしておらず、自分の目にはくすぶっているようにしか見えなかった。やはり葛西さんが最も輝くのはデスマッチだったのだ。

さらにデスマッチ王者となってから、ずっと胸の内に抱えていた葛藤があった。

もしも葛西さんが大日本に残っていたら、自分はデスマッチ王者になれたのか？

もしも面と向かってそんな質問をされたら、おそらく自分は言葉に窮していたと思う。そもそも葛西さんが大日本に残っていたら、デスマッチを始めていなかった可能性さえあったからだ。

葛西純と闘って勝たなければ、自分は本当の意味でデスマッチ王者として認められない。誰よりも自分自身が認めることができない。

今度は会社と衝突してでも、絶対に対戦を実現させる覚悟を持って口にした、葛西純という名前だった。そして、この時の自分のメッセージは、今度は葛西さんの心にも届いたようだ。

2004年に創始者の橋本真也さんと決別したZERO－ONEは、翌年からZERO1－MAXとして再出発することとなったが、葛西さんは退団という道を選んだ。守らなければならない家族がいる葛西さんにとっては、悩み抜いた末の決断だったはずだ。そして退団後にサムライTVの、ニュース番組にゲスト出演した葛西さんは、大日本に殴り込むことを宣言したのだ。どうやら自分のメッセージは届いたようだ。自分はもちろんのこと、大日本にも拒否する理由はない。

2005年2月22日の後楽園大会。メインで行われたノーロープ有刺鉄線6人タッグマッチで、葛西さんは2年9カ月ぶりに大日本のリングに帰ってきた。

この年は6月に横浜文体大会が開催されることになっており、自分と葛西さんがデスマッチ選手権を争うならば、そのあたりが有力だろうと、多くの人が予想していたはずだ。他ならぬ自分もそう思っていた。

何しろこの年、2005年は大日本の旗揚げ10周年記念イヤー。自分と大日本でデビューした葛西さんのデスマッチ選手権は、そんな記念イヤーに行われる、ビッグマッチのメインにふさわしいカードだった。

ところがこの予想は、誰も予想していなかった、一人の男の凄まじいまでの執念によって、ものの見事に覆されることになる。

場の空気を完全に無視した挑戦要求

2・22後楽園大会のメインで、久しぶりに大日本のリングに上がった葛西さんは、非道選手、そして1月2日の後楽園大会で、本格的なデスマッチデビューを果たしたばかりの、佐々木貴とトリオを結成。対する自分は金村さん、テイオーさんと組んで、葛西さんたちのチームを迎え撃った。

試合形式はノーロープ有刺鉄線に、12月の横浜文体で使用した巨大ネズミ捕り（この試合では蛍光灯ではなく有刺鉄線をセット）を加えた6人タッグデスマッチ。

久しぶりにリングで向かい合った葛西さんは、体中を覆っていた傷跡が、以前に比べるとずいぶん薄くなっていた。

これはデスマッチのブランクを意味した。対する自分の体はデスマッチを始めてからの1年半で、表も裏も新たな傷が刻まれていた。

この傷跡の差が、別々の道を歩んできた自分と葛西さんの2年9カ月を物語っていたし、そのあたりの差をハッキリと見せつけるつもりで臨んだ一戦だった。

しかし、この試合の葛西さんからは、長いデスマッチのブランクなどまったく感じなかった。

むしろデスマッチに対する飢えを爆発させるかのようなファイトに、圧倒されるシーンも何度となくあった。

それでも最後は自分がラダーからのドラゴンスプラッシュで貴をフォール。6人タッグだったこともあって、葛西さんとは闘い足りない思いもあったが、それでも彼の凄さを改めて思い知らされた。

試合後、久々のデスマッチを終えて、上機嫌の葛西さんがマイクを握った。

「せっかくZERO1－MAXを退団してきたのに、もっと遊んでくれよ」

すぐに言い返してやろうと思ったら、葛西さんのマイクを奪った貴が、自分に対してデスマッチ王座挑戦を要求してきたのだ。

デスマッチを始めて間もないばかりか、ついさっき負けたばかりなのにベルトへの挑戦を要求。しかも自分と葛西さんの一騎打ちが、これから実現に向けて動き出すことを、観客の大半が熱望していることが明らかな状況の中でだ。

これほど場の空気を無視したマイクは、滅多にあるものではない。当然のように会場からは貴に対してブーイングが沸き起こる。「負けたのに何言ってんだ！」「引っ込んでろ！」と、容赦のない罵声が客席から浴びせられた。

自分はと言えば、「何をワケのわからないことを言ってるんだ……」と呆れる一方で、この状況で自分に対して挑戦を要求できる、貴のハートの強さに感心もしていた。

この時点では予想さえしていなかったが、葛西さんとの再会を果たしたこの試合は、佐々木貴とのライバル関係のスタート点でもあったのだ。

デスマッチ戦士として急成長した4連戦

前の年の秋にＤＤＴを退団した佐々木貴は、間もなく金村さん率いるアパッチプロレス軍に入団。その年の秋から大日本にも参戦するようになった。

DDT時代には頂点の証である、KO－D無差別級王者にもなった貴は、大日本に参戦すると間もなく、GENTARO選手とのコンビでBJWタッグ王座を奪取。

さらに大日本でトップに立つために、年が明けるとデスマッチ戦線にも本格的に参入してきたのだ。

ちなみに1月2日の後楽園大会で行われた、デスマッチ・デビュー戦のタッグマッチは、自分が貴をドラゴンスプラッシュで仕留めていた。

同じ岩手県出身（一関市）で学年は2つ上、デビューも自分より3年早い貴は、一言で表現するなら熱血漢。

自分が先頭に立って周囲を引っ張っていくタイプで、高校時代は生徒会長だったのも頷ける話だ。

DDTのトップに立った経験もあるのだから、プロレスラーとしての実力は十分にある。ただ、デスマッチ王座挑戦に関しては、まだ早いというのが正直な感想だった。実際に闘ってみて、デスマッチで本領を発揮するまでには、時間がかかるタイプのように思えたのだ。

しかも当時の大日本は、会社の体勢を立て直すために、以前に比べると大会数を減らしていた時期だった。つまりデスマッチを始めた頃の自分のように、短期間で経験値を積み重ねることもできなかった。

貴が次にデスマッチのリングに立ったのは、3月28日に行われた後楽園大会のメイン。試合形式は蛍光灯デスマッチの6人タッグで、カードは伊東&金村&関本組対非道&貴&葛西組。

メンバーがメンバーだけに、結果次第で6月の横浜文体で行われる予定の、デスマッチ選手権の挑戦者を誰にするか、自分の中で結論を出すつもりで臨んだ一戦だった。しかし、この試合では結論を出すことができなかった。貴が大介からフォールを奪ったのだ。結果だけではない。

1カ月前には同じ6人タッグでも脇役だった貴は、この試合では最もデスマッチ経験が浅かったにもかかわらず、主役と言っていい活躍を見せた。

そして貴は1カ月以内に、自分からフォールを奪うことを宣言する。会社もやれるものならやってみろ！　とばかり、31日の大阪大会から3日の横浜赤レンガ大会まで、自分と貴がデスマッチで対戦する4連戦を組んだ。

しかし初日の大阪大会で行われた6人タッグで貴は大介に敗北。3日目の静岡大会の6人タッグでは、自分が貴から直接フォールを奪った。しかし、結果こそ出せなかったものの、この連戦で貴がデスマッチファイターとして、急成長を遂げていることは、毎日対戦して肌で感じていた。

　そして連戦最終日、横浜赤レンガ大会で行われたタッグマッチで、ついに自分は貴からフォールを奪われてしまう。貴の得意技であるＤ－ガイストで、蛍光灯に叩きつけられての完全フォールだった。

　直接フォールを奪われてしまった以上は、もはや貴の挑戦要求を拒む理由はなかった。むしろデスマッチを始めてからの急成長を考えれば、横浜文体までの２カ月間の間に、貴は過去最強の挑戦者となる可能性さえあった。

面白い！　誰も観たことがないデスマッチ

　６月８日の横浜文体で行われるデスマッチ選手権の試合形式は、貴からの要求で蛍光灯３００本デスマッチに決まった。この試合形式は２年前のｇｏｓａｋｕ選手との防衛戦以来２度目。自分も望むところの試合形式だった。

　大日本ではロープに吊るす形式の蛍光灯デスマッチの場合、２面で１００本、４面全てに吊るせば２００本としている。

もっとも会場で数えてみればわかるが、ロープ一面に吊るす蛍光灯の数は、実際は50本よりも少ない。ただ、試合ではロープに吊るした蛍光灯だけでなく、束ねたものも使用するので、ざっくりとそういう数え方にしている。

300本デスマッチではロープ4面に吊るした上で、さらにリング上にも蛍光灯を敷き詰める。当然のようにリング上の蛍光灯は歩いただけで割れて、最初の受け身から容赦なく体を切り刻まれる、非常にハードな試合形式だ。

ただ、実際にgosaku選手との試合を終えた時に、次はきっちりとレスリングの攻防ができる相手と、この試合形式でやってみたいと思っていた。

ゴングが鳴ってまずは組み合い、そこからオーソドックスな寝技の攻防に入る。それはプロレスにおける、ごくごくオーソドックスな序盤戦の攻防だ。

これを蛍光灯が敷き詰められたリング上でやったらどうなるのか?

蛍光灯300本デスマッチをやったことがある自分でもわからなかった。gosaku選手との試合では、そういう攻防がなかったからだ。しかし、経験者の自分にもわからないということは、誰もやったことがない、誰も観たことがないデスマッチになるということだ。

面白い!

間違いなく自分も貴も血だるまになるだろうが、自分たちにしかできない攻防の結果ならば、血も流しがいがあるというものだ。

一方、横浜文体では葛西さんと沼澤のデスマッチも行われることとなった。こちらはデスマッチ史上でも初となる、カミソリ十字架ボードがアイテムとして使用されることとなった。体を切り刻むという意味では、蛍光灯やガラスの破片も、カミソリも同じだと考えることもできる。しかし、砕けた結果として切れるようになった蛍光灯やガラスと、最初から切るために作られたカミソリでは、アイテム自体が放つ敵意がまったく異なる。

このカミソリ十字架ボードの使用は、葛西さんから自分に対する、「俺はここまでやるぞ」という宣戦布告と受け取った。

横浜文体で自分は貴と闘う。葛西さんは沼澤と闘う。

しかし、リング上で直接対戦することはなくとも、このデスマッチ2試合は、伊東竜二と葛西純との間接的な闘いでもあった。

最強の挑戦者に用意した特別プレゼント

6月8日の横浜文体大会は、様々な事情で平日開催となったが、それでも超満員には届かなかったものの、多くのお客さんに来場して頂いた。

この会場の控室は会場アリーナ席と同じフロアにあるので、大きな歓声が沸き起これば、出番を待っている選手の耳にも届く。

この日は休憩前最後の試合、すなわち第5試合の葛西さんと沼澤の試合中に、それまでの試合とは異質な歓声、そして悲鳴が控室まで聞こえてきた。

やがて最も大きな歓声の後に、葛西さんの勝利を告げるコールが聞こえ、脳天に無数の画鋲が突き刺さったままの沼澤が、息を切らしながらも満足げな表情で控室に帰ってきた。

かなり凄い試合をやってきたことは明らかだった。

このような時にプレッシャーで体が委縮して、本来の動きができなくなってしまう選手もいる。だが、自分はプレッシャーに対して鈍感なのか、そういう経験はほとんどしたことがない。

この時もメインのリングに上がった際に、自分の体に緊張による固さは感じなかった。ただ、蛍光灯が敷き詰められたリングは、普段よりもかなり明るく感じた。

試合開始のゴングとともに、まずはお互いに向かい合ってリング内を回る。蛍光灯はわざと踏みつぶしていく。割れていない蛍光灯は、走った際に足を取られることもあるからだ。

そして組み合いグラウンドへ。デビューしてから数えきれないほど繰り返してきた攻防。ただ、お互いが動く度にリング上の蛍光灯が、背中の下で音を立てて割れていった。寝技の攻防を終えて立ち上がった時に、背中から血が流れ落ちるのがわかった。そしてリング上に敷き詰められた蛍光灯は、すでに大半が割れていた。

客席からどよめきが起きる。

この後も自分と貴は殴り合い、蹴り合い、相手の体をマットに叩きつけた。たぶん形式がデスマッチでなくとも、試合の流れはそんなに変わらなかったと思う。

違うのはリング内に蛍光灯が存在したことだけだ。

デスマッチではデスマッチならではの強さを競い合うことも多い。実際、この試合までに経験してきたデスマッチ選手権は、そういう試合が多かった。

しかし貴との試合は違った。もちろん蛍光灯はあるから使う。しかし、自分と貴が競い合っていたのは、お互いがこの試合まで培ってきた、プロレスラーとしての技術、体力、耐久力、そして精神力だった。

やっとこんなデスマッチができる相手と出会うことができた。例えば新人時代の大介のように、絶対に負けたくない相手はいた。でも、競い合いたいと心から思ったのは、プロレス人生で貴が初めてだった。

だからこそ最高のトドメを刺してやる。

ダウンした貴の上に板状の蛍光灯をセットしてのドラゴンスプラッシュ！

しかし貴は肩を上げる。それどころか上半身を血に染めながら反撃してくる。

いいぞ、それでこそ我がライバルだ。だからこそ今日は特別なプレゼントを用意しておいた。

再び貴をダウンさせると、リング下に隠しておいた特別プレゼントを取り出す。15本を束ねた板状蛍光灯束を二段重ねにして、さらに有刺鉄線で巻いた特別バージョン。

これを貴の体にセットして、コーナーから跳躍した。先に返された時よりも、さらに威力がアップしたドラゴンスプラッシュ。

同じ技でもアイテムが強化された分だけ、一発目よりも威力はさらにアップしている。

もちろん、技を出した自分の胸や腹にも、落下の凄まじい衝撃とともに、蛍光灯の破片や有刺鉄線が容赦なく突き刺さる。

一瞬、気が遠くなる。だが、貴はもっと大きなダメージを負っているはず。しかも上になっているのは自分だ。

1，2，3！

勝った！

最初に挑戦を表明した時には、容赦のないブーイングと罵声を浴びた貴は、半年足らずの間に最強の挑戦者となっていた。

沸き起こる自分へのコールを背に、貴は自分が差し出した握手にも応じず、無言でリングを去っていった。

挑戦者候補ひしめく三つ巴のタッグ抗争

横浜文体大会後、デスマッチ戦線はタッグでの抗争が主軸となった。

まず自分と貴が翌月の後楽園大会で初のタッグを組んだ。一方、横浜文体で死闘を繰り広げた葛西さんと沼澤もコンビを結成して、間もなく０４５邪猿気違'ｓ（ぜろよんご・じゃんきーず）と名乗るようになる。

死闘を繰り広げたライバルが、その後に仲間となって一緒に闘っていく。まさに少年ジャンプ的な流れだ。

さらに自分と貴が初のコンビを結成した後楽園大会で、一騎打ちを行った小林さんと大介も、試合後に意気投合してコンビを結成。こちらは大介が愛読していたフィットネス雑誌「マッスル＆フィットネス」をパロって、〝マッスル＆ファットです〟というチーム名に。もちろん大介がマッスルで、小林さんがファット（脂肪）だ。

ちなみに自分と貴のチーム名は、〝デスマッチ竜虎コンビ〟と呼ばれたこともあったが、正式なチーム名は付けられなかった。

この年の夏はこの3チームが地方大会を含めて、各地で文字通り血みどろの抗争を繰り広げた。そんな三つ巴《どもえ》のタッグ抗争の中で、一気に存在感をアップさせたのが、意外にも小林さんと大介の〝マッスル＆ファットです〟だった。

敢えて「意外にも」と書いたのは、夏前あたりまでの小林さんと大介は、お世辞にも勢いがあるとは言い難い状態だったからだ。

大介は前年に行われた、非道選手との挑戦者決定戦以降は精彩を欠いていたし、小林さんも自分とのデスマッチ選手権に敗れてからは、結果を出せない時期が続いていた。

ところが、性格から外見までほとんど共通点がない小林さんと大介は、コンビを組むことによって思わぬ相乗効果を生み出し、予想外の快進撃をスタートさせたのだ。

ただ、考えてみれば小林さんと大介は、3チームの中で唯一のヘビー級コンビ。しかも小林さんが巧みにコントロールすることで、大介のデスマッチファイターとしての力を最大限に引き出していた。

今になって思えば〝マッスル＆ファットです〟の快進撃には、十分すぎるほどの必然があったのだ。

さて、三つ巴のタッグ抗争の一つの山場として、8月の後楽園大会で伊東&貴組対葛西&沼澤組対小林&関本組の、3WAYタッグデスマッチが行われた。この試合で小林さんが貴を沈めて〝マッスル&ファットです〟が勝利を収める。この結果、自分と貴のコンビは、三つ巴のタッグ抗争の中で一歩後退を余儀なくされた。

そして10月の後楽園大会で、当時は空位だったタッグ王座を賭けて、小林&関本組と葛西&沼澤組が激突する。

この試合で葛西さんがフォールを奪えば、その場で12月の横浜文体での挑戦者に指名するつもりだった。おそらく葛西さんも勝って自分に挑戦を表明するつもりだったはずだ。ただ、自分のデスマッチ王座を狙っていたのは、当然のように葛西さんだけではなかった。

予想を上回る血みどろの熱戦の末に、小林さんが葛西さんを仕留めたのだ。葛西さんがフォール負けを喫したのは、大日本に戻ってきて初めてのことだった。

当然のように小林さんがデスマッチ王座挑戦を要求。すると葛西さんは小林さんに対して、「今までさんざんコロコロ負けてたくせに」と待ったをかける。

こうして翌月の後楽園大会で、小林さんと葛西さんのデスマッチ選手権次期挑戦者決定戦が行われることになったのだが……。

大流血戦の中、「当然」がひっくり返る

後楽園大会から10日くらいが過ぎたある日、葛西さんが入院したことを知らされた。体調が悪いので検査を受けたところ、腸にかなり大きな腫瘍が発見されたのだ。

幸いガンではなかったものの、すぐに開腹手術を受けることに。いくら不死身の葛西さんでも、さすがに11月の後楽園大会出場は不可能。結局、葛西さんは翌年3月までの欠場を余儀なくされることとなる。

この事態を受けて11月の後楽園大会で行われる、デスマッチ選手権次期挑戦者決定戦には、葛西さんに代わって大介が出場することとなる。

こちらも好カードではあるが、やはり葛西さんのデスマッチ選手権挑戦、すなわち自分との一騎打ちが消えたことに、落胆したファンは少なくなかったはずだ。

一切の自惚《うぬぼ》れを抜きにしても、この年の大日本は自分と葛西さんの、デスマッチ王座を賭けての一騎打ちに向かって進んでいた。そして多くのファンも、自分と葛西さんの対決を望んでいたはずだ。

葛西さんが大日本のリングに上がるようになった2月以降に行われた全ての後楽園大会は、一度もデスマッチ選手権が行われなかったにもかかわらず、10月まで全ての大会が超満員、もしくは満員となっていた。

この盛況の大きな原動力は、自分と葛西さんの一騎打ちへの期待感も大きかったと思う。そんな期待が唐突に断ち切られてしまったのだから、挑戦者決定戦が行われる11月の後楽園大会は、久しぶりに動員に苦戦するかもしれないと危惧《きぐ》していたのだが……。

結果から書いてしまえば、11月22日の後楽園大会は、平日開催にもかかわらず、超満員札止めの大盛況となる。葛西さんの欠場発表前の段階で、前売り券がかなり売れてはいたが、この大会は当日券も飛ぶように売れた。

つまり小林対関本の挑戦者決定戦を、ファンが純粋に求めたということだ。

この時点で風向きは変わっていたのかもしれない。そして、その風向きはメインの試合中に、さらに変化していった。

試合前半、客席の声援は明らかに大介を後押ししていた。すでに自分とはデスマッチ王座を賭けて対戦している小林さんよりも、勝てば初挑戦の大介が応援されるのは、ごく当然のことだった。

ところが試合が進むにつれて、そんな当然がひっくり返り始める。

小林さんと大介の試合は、中盤戦には両者の上半身が真っ赤な血で覆われる、凄まじいばかりの大流血戦となった。大日本のデスマッチ史上でも、少なくともシングルマッチでは、最も多くの血が流れた試合だったと思う。

そんな大流血戦は中盤戦あたりから、大介優勢の展開が続くようになる。

しかし、小林さんはどんなに強烈な攻撃を食らっても肩を上げる。その度に客席から送られる声援が、大介から小林さんに移り始めたのだ。

勝負に出た小林さんは、着用していた空手袴《ばかま》を脱ぎ捨てフンドシ姿に。これは前の月のタッグ王座決定戦から始めた、自分には理解しがたい気合いの入れ方なのだが、フンドシ姿になった小林さんを、さらに多くの声援が後押しする。

そして、この時にはすでに必殺技となっていた大介のジャーマンも返した小林さんが大反撃に転じて、ついに大介をバカチンガーエルボーで沈めた。

こうして小林さんは約2年ぶりのデスマッチ王座挑戦権を勝ち取る。仮に相手が葛西さんであったとしても、この日の小林さんならば勝っていただろうと思える、凄まじい執念と勢いだった。

さらに今から思えば、この時点で風は明らかに小林さんの背中を押していた。そんな風向きの変化を、自分が身をもって知ることとなるのは、12月21日に行われたデスマッチ選手権の最中のことだった。

なぜ登坂部長が実況席で号泣していたか

大日本プロレス旗揚げ10周年記念イヤーの最後を飾る、12・21横浜文体大会のメインの試合形式は、スキャフォールドデスマッチに決定した。

リング内に建築現場で用いられる、高さ約2メートル半の足場を組むこの試合形式で、自分は2年前に小林さんに敗れていた。その経験を踏まえた上で、小林さんから要求された試合形式だった。

ただ、あれから何度か同じ試合形式を経験して、苦手という意識はなかった。リング内の足場によって動きは制限されるが、高さを使えるのはむしろ自分向きの形式だったし、不安定な足場の上でのバランスにも自信があった。

実際、試合は7割くらいは自分が攻めていたと思う。ただ、小林さんは典型的な受けのプロレスラーで、大抵の試合では攻められている場面の方が多い。

それでも人間離れしたタフネスでカウント3だけは許さず、相手が技を出し尽くしたと見るや反撃に転じるのが勝ちパターンだ。

でも、それは何度も闘って自分も先刻承知。だから普段以上に容赦なく攻めた。人間離れした小林さんのタフネスにも、限界があることを過去の対戦で知っていたからだ。まず小林さんを場外の机の上にセットして、足場からのドラゴンスプラッシュ。リングの高さを加えれば、フロアまでの落差は4メートル以上はあったはずだ。しかし、場外ではフォールは奪えないし、デスマッチにはリングアウト勝ちもない。これは痛めつけるための攻撃だった。

リングに戻るとさらに追撃を加える。ところが攻めれば攻めるほど、小林さんに対する客席の声援は大きくなる。これは2年前に対戦した時とは、明らかに異なる反応だった。もっとも、これはデスマッチ王座を守り抜いてきた、自分の2年半に対するファンからの評価でもあった。チャンピオンになったばかりの頃に、誰もが自分を応援してくれたのは、危うさや頼りなさの裏返しでもあったのだ。

だから徐々に大きくなっていく小林さんへの声援は、むしろ自分の闘志をかきたてた。しかし、この声援は小林さんにより大きなパワーを与えていた。この人は自分に声援が集まった時には、対戦相手の想像を上回る力を発揮する。思えば夏あたりからの快進撃も、そんな声援に後押しされてのものだった。

しかし、自分も負けるワケにはいかない。この試合を防衛した上で、欠場中の葛西さんが復帰してくれれば、今度こそデスマッチ選手権を賭けた一騎打ちが実現する。なんとしてもそうさせなければならなかった。

ドラゴンキッカーに続いて、コーナーからのドラゴンスプラッシュ。

カウント3は入らない。さすがだ。

休ませることなく蛍光灯の束で一撃。倒れた小林さんの上に蛍光灯の束をセットして、足場から思い切り落差をつけてのドラゴンスプラッシュ！

この高さからの一撃は小林さんも未経験のはず。もちろん試合を終わらせるつもりで放った一発だった。

ところがこれも小林さんに返される。

攻め手が尽きた自分は、発光蛍光灯を手にして足場に登る。小林さんも蛍光灯を手にして後を追ってきた。

足場の上でのバランスにも、蛍光灯でのチャンバラにも絶対の自信があった。この攻防で小林さんを足場から転落させて、この試合4発目のドラゴンスプラッシュで勝負を決めるつもりだった。

ところが自分の蛍光灯をかわした小林さんの蛍光灯が直撃。さらに自分の発光蛍光灯も頭突きで割られ、地獄突きの追い打ちも食らい、バランスを崩した自分の方が、足場から転落してしまう。

不意をつかれての落下だったため、受け身も取り損ねてしまった。そこに小林さんのバカチンガーエルボーが、足場からの落差3メートル以上の加速を加えて落ちてきた。短時間のうちに襲ったあり得ない衝撃の連続。それでも必死に肩を上げようとしたが、自分の体にはそれだけの力は残っていなかった。

カウント3が入った瞬間、2年4カ月にわたって守り抜いてきた、デスマッチヘビー級のベルトが自分の腰を離れた。

新たな王者となったのは、10年前に旗揚げしたばかりの大日本に、最初の練習生として入門したアブドーラ・小林。

テレビの実況席では登坂部長が号泣していた。自分の知らない時間を、小林さんと共有してきた登坂部長には、言葉では表現しきれない特別な思いがあったのだろう。

大歓声を浴びる小林さんを背に、そっとリングを降りて控室に向かう。それは、自分にとっては敗者の退場ではなく、奪われたベルト奪回への第一歩だった。

死力を尽くした選手に「ダイニッポン！」

２００６年の年明は、デスマッチ王座のベルトを失った丸腰で迎えた。大きな負けを喫した後こそ、その敗因を自分なりに分析することは、後々のために非常に重要だ。

もちろん前の年の12月21日の時点で、自分が小林さんより弱かったことが、最大の原因であることは言うまでもない。試合を細かく振り返っていけば、いくつかの作戦ミスもあった。

ただあの試合に関しては、もう一つの大きな敗因があったように思えてきた。あの試合で自分は目の前の小林さんだけでなく、その先にいる葛西さんも見ていたような気がする。しかし小林さんは目の前の伊東竜二だけを見ていた。最後の最後で勝負を決したのは、そんな目の前の相手に対する、集中力の差だったような気もするのだ。

ただ、逆に言えば小林さんは自分に勝って、チャンピオンになった先のことは、あまり考えていなかったようだ。年が明けての小林さんは、前年後半の勢いが嘘だったように減速してしまった。

1月27日の川崎大会では、大介と保持していたタッグ王座を、シャドウWX&マンモス佐々木組に敗れて失う。他の大会でもタッグや6人タッグで、自分がフォールを奪われることこそなかったものの、連戦連敗を続けた。

リベンジを果たしてベルトを奪回するには、絶好のチャンスではあったものの、自分に勝った時とは別人のように不甲斐なくなってしまった小林さんには、挑戦しようという意欲が沸いてこなかった。

しかし貴は違った。自分が目指すデスマッチのベルトを、錆びさせかけている小林さんが許せなかったのだろう。試合の度に小林さんを厳しく批判し続け、ついに3月31日の後楽園大会での挑戦を決める。

試合形式は蛍光灯&剣山デスマッチ。剣山がデスマッチ・アイテムに用いられたのは、この試合が初めてだった。

「チャンピオンはタイトルマッチで勝てばいいんだ！」

負けた試合ではこんな強がりを口にしていた小林さんだったが、この試合では年明けの不甲斐なさを吹き飛ばすような、気合い満々のファイトで貴を攻め立てた。

そして勝負に出た小林さんは、股間に自分の頭を入れて担ぎ上げた貴を、リング上に散乱する剣山めがけて脳天から突き刺した。

コバドライバー！

これを辛うじて返した貴の頭には、100円ショップで購入した、直径5センチくらいの剣山が2個突き刺さっていた。あり得ない光景に客席から悲鳴が上がる。

後に自分も経験することとなるが、頭に突き刺さったままの剣山は、蛍光灯やガラスの切り傷とも異質な、骨まで届くような強烈な痛みを肉体に与える。

しかし、そんな痛みが闘志をかきたてたのか、小林さんの猛攻を凌いだ貴は反撃を開始。対する小林さんも驚異的な耐久力で肩を上げる。

勝負に出た貴は半失神状態で座り込んだ、小林さんの体に立てかけるように蛍光灯の束をセット。その蛍光灯ごと小林さんの側頭部を蹴り抜いた。

TAJIRIさんの必殺技、バズソーキックと同じ形だが、貴はこの技をDDT時代から〝右脚〟と命名して、必殺技として愛用していた。ネーミングのセンスには同意しかねる部分もあるが、極めて強烈な技であることは間違いない。

砕け散る蛍光灯とともに、昏倒した小林さんを貴が押さえ込みカウント。

デスマッチを始めて1年余りの貴が、新たな王者となった。当時の貴はアパッチプロレス軍所属だったので、他団体へのベルト流出だったが、客席からは両者の激闘を讃えるダイニッポン・コールが沸き上がった。

他団体所属であろうがフリーであろうが、大日本のリングで死力を尽くす選手には、最大限の尊敬と敬意をもって讃える。

現在も続くそんな大日本のファン気質が、初めて目に見える形となったのが、この試合後のダイニッポン・コールだった。

将来を視野に入れた静かな動き

貴が王者となった大日本では、数年先を見据えた動きが始まっていた。まず、新たなデスマッチファイターを公募したのだ。

前の年に葛西さんと貴が加わり、一気に厚みを増したデスマッチ戦線だったが、主力選手が年齢的にもキャリア的にも、自分と同じ世代の選手たちが多かった。

当時の自分、葛西さん、小林さん、貴、沼澤は、年齢的にはいずれも30歳前後。キャリア最年長の小林さんは11年だったが、他はいずれもデビューから7~8年。

この時期はまだまだ体も目いっぱい動く上に、ほどよくキャリアも積んで、プロレスラーとして脂が乗ってくる時期だ。

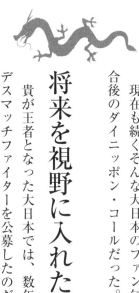

そんな選手たちが競い合ったからこそ、前年からの熱気が生まれた一方で、沼澤以降に大日本生《は》え抜きの新人が定着していない状況を踏まえれば、デスマッチ戦線はいずれはマンネリ状態に陥る可能性があった。

そこで、さらに若い世代のデスマッチファイターを、団体外からも広く募ることになったのだ。呼びかけに応じたのは宮本裕向、当時はｉｓａｍｉというリングネームで闘っていた木高イサミ、そして女子の木村響子だった。

そんな彼らがデスマッチ・デビューを果たした、6月4日の桂スタジオ大会では、後の大日本に大きな影響を及ぼすこととなる、一つの区切りの試合が行われた。

この日、イサミとシングルで対戦（有刺鉄線ボードデスマッチ）した大介が、その試合をもってデスマッチ戦線から、事実上卒業することとなった。

デスマッチ王座奪取はおろか、挑戦さえ果たせていなかっただけに、大介としては不本意な思いもあったことだろう。

しかし、大介には大介にしかできないことがあった。それはデスマッチとの両輪で大日本を牽引する通常ルール部門、すなわち後のストロングＢＪの確立だ。

デスマッチが売りの大日本とはいえ、試合数では通常ルールの試合の方がずっと多い。さらに蛍光灯やガラスはもちろん、流血が予想される試合形式は、一切ＮＧという会場も少なくない。

また、大日本に入門したからといって、最初からデスマッチをやりたい選手は圧倒的少数派だ。実際、旗揚げから10年を越えたこの時点で、最初からデスマッチをやりたくて大日本に入門したのは、葛西さんと沼澤の2人だけだった。

それやこれやを考えて将来を見据えれば、通常ルール部門の充実は大日本にとって重要なテーマ。そして、その先頭に立つべき人材は大介しかいなかった。

さらに言えば対戦相手が限られるデスマッチよりも、通常ルールに専念した方が、大介自身にもより多くのチャンスが訪れる。

5年先、10年先を見据えて、あの頃の大日本は静かに動き始めていた。

「神が宿る首固め」に一度ならず二度屈す

正直な話をしてしまえば、小林さんに負けてベルトを失った後は、ベルト奪回はしばしらく先でもいいかなという思いもあった。王者としての小林さんに闘志が沸かなかったことに加えて、2年半近くに及んだチャンピオンとしての日々に、さすがに疲れてしまっていた部分もあった。

しかし貴が小林さんからベルトを奪ったタイトルマッチの試合内容、さらには試合後のダイニッポン・コールが、そんな自分の緩みかけた心を引き締めた。

1日も早く貴からベルトを奪い返して、チャンピオンに返り咲いてやる！

貴が小林さんからベルトを奪った、翌月に行われた4月28日の後楽園大会で、自分は貴と組んで葛西&沼澤組と対戦した。ちなみに葛西さんはこの大会の前の週に行われた、札幌連戦から大日本マットに復帰していた。

貴への挑戦をアピールするならば、自分が決勝のフォールを奪うのが最低条件。それも何度も勝っている沼澤よりも、葛西さんから勝った方が説得力がある。

しかし、そんな思いの中に隙が生まれていたのだろう。この試合で自分は沼澤の変形首固め〝神威《かむい》〟でカウント3を奪われてしまう。これは沼澤から喫した、初めてのフォール負けだった。

プロレスの勝ち方に優劣はない。相手を完全に叩きのめしてのカウント3やギブアップも、逆転の丸め込みも同じ勝ちだ。

ただ、デスマッチという試合形式においては、選手は通常ルール以上に相手を叩きのめしての勝利を目指す。自分も試合の流れの中で丸め込み技を出すことはあったが、大半は相手の技を切り返すためで、本気でカウント3を奪おうという意識は薄かった。

というか、3年近くデスマッチをやってきて、必勝の気合いで繰り出された丸め込み技は、この沼澤の神威が初めてだった。ダメージは皆無だったが負けは負け。もちろん貴への挑戦アピールなどできるはずがない。

この大会前の時点で、自分と沼澤は5月5日の横浜赤レンガ大会での一騎打ちが決まっていた。こうなればその試合に、貴への挑戦権を賭けるしかない。

試合形式は沼澤の要求で、蛍光灯で作った巨大観覧車をコーナーに設置した、みなとみらいデスマッチ。もちろん蛍光灯観覧車を制作したのは自分だ。

試合は自分優勢の展開が続いた。蛍光灯観覧車に沼澤を激突させ、後楽園ではカウント3を奪われた神威も返した。

神威はデスマッチという試合形式ならではの、選手の精神状態の盲点を突いた奇襲技だ。しかし一度餌食《えじき》になって警戒している自分には、奇襲としての効果は薄い。

神威を返した時点で、これで自分の勝ちは確定したと思った。その後も沼澤を攻め続けて、蛍光灯束をセットしてのドラゴンスプラッシュ。数秒後には自分は貴への挑戦権を手にしているはずだった。

ところがジャンプした直後に、沼澤の体の上にあるはずの蛍光灯が消えた。沼澤が自分の体の横に放り投げたのだ。

やられた！　と思いながらも、自分は沼澤の上に落下。本来の威力を発揮できなかったこともあって、沼澤は肩を上げる。その直後に自分にとっては予想外の、2度目の神威で丸め込まれてカウント3を奪われる。

沼澤曰く、「神威は神が宿る首固めだ」。だとすれば自分が返した一発目は、形だけの神が宿っていない偽物の神威で、この2発目こそが神が宿る本物の神威だったのかもしれない。

実際、必死にもがいてはみたものの、自分の両肩がマットから離れることはなかった。こうして貴への挑戦権は沼澤へ。デスマッチ王座奪回への道のりは、予想していたよりも険しかった。

今回はお前のバックアップをしてやる

貴に沼澤が挑戦するデスマッチ選手権がメインで行われた、6月26日の後楽園大会は平日にもかかわらず、超満員札止めとなった。

そんな期待をさらに上回る大熱戦を繰り広げた末に、貴が沼澤を下して初防衛に成功。試合後には再びダイニッポン・コールが沸き起こった。

まだ初防衛に成功したばかりだが、貴は誰もが認めるデスマッチ王者だった。沼澤との挑戦者決定戦に負けたばかりだったが、そんな失態は勝ち続けることで打ち消せばいい。

翌月の後楽園大会のメインで、自分は貴と組んで葛西&沼澤組と対戦した。4月の後楽園と同じカード。前回は自分が沼澤に取られてしまったが、この試合では自分が沼澤を沈めて、キッチリとお返しをした。

次の横浜文体が2カ月後に迫っていたこともあって、試合後にさっそく貴に対して挑戦をアピールする。貴も望むところという表情だ。すると続けてマイクを握った葛西さんから、予想もしなかった提案をされる。

「伊東、俺がなんでZERO－ONE辞めて、ここのリングに上がってるかわかるか？てめえからベルトを取るためなんだよ。そのために今回はお前のバックアップをしてやる。次の後楽園でお前と組んで、この2人と闘ってやる！」

この2人とは、もちろん貴と沼澤のことだ。つまり伊東&葛西組対貴&沼澤組。出場メンバーは同じでも、チームの組み合わせを変えたことで、カードの意味合いが一変した。この葛西さんの提案を、場内は大歓声で支持する。

貴と沼澤のコンビは初。自分と葛西さんも若手時代以来のタッグ。実質的には初めてのコンビ結成と言っていい。さらに葛西さんからの提案には、具体的に言葉にこそ出していなかったが、「お前が貴からベルトを取ったら、初防衛戦の相手は俺だからな！」という、強烈な意思があることは明らかだった。

そして迎えた8月18日の後楽園大会は、またまた平日にもかかわらず超満員札止めとなる。メインの伊東&葛西組対貴&沼澤組の試合形式は蛍光灯デスマッチ。しかし試合中盤あたりから、ラダーや机が持ち込まれ、さらに画鋲までがまき散らされる。

終盤戦、リング内はコーナーの机の上にセットされた、ラダーをめぐっての攻防となった。

ダウンした沼澤にドラゴンスプラッシュを放つべく、自分がラダーに登ろうとすると、それを制止しようと貴が足にしがみついてくる。すると、葛西さんが貴を捕らえて、コーナーからのブレーンバスターで場外に投げ落とした。

この葛西さんの無茶だが素晴らしいアシストを受けて、机の上にセットされたラダーからドラゴンスプラッシュ！

さすがに普段よりもかなり不安定だったが、それでも狙いは外れず自分の体は沼澤の上に落下。そのままカウント3が入って、前哨戦は自分が勝利を収めた。

少なくともこの本を執筆中の現在まで、あの試合を最後に葛西さんとのコンビは実現していない。おそらく今後も実現する可能性は低いだろう。

伊東竜二と葛西純は並ぶのではなく、常に向かい合うべき関係であることを、改めて確認にしたのがこの日のコンビ結成だった。

そして、この試合を終えた自分の中に、ある試合形式のアイデアが浮かぶ。そのアイデアは9月10日の横浜文体で行われた、貴とのデスマッチ選手権で実現する。しかし、そのアイデアは結果として自分に、かつてない試練を与えることになるのだった。

高さを求めて鉄檻の天井にラダーをセット

プロレス史上空前の高さからの、ドラゴンスプラッシュを可能とする試合形式。

それが貴とのデスマッチ選手権を前に、自分の中で浮かんだアイデアだった。過去最高の高さから飛んだのは、金村さんに挑戦した時に、金網の最上段から飛んだドラゴンスプラッシュ。

足元の高さが約3メートル。その上に立って見下ろした高さは、5メートル弱はあったはずだが、それでも実際に飛んでみると、もっと高くても飛べると思った。

もしもあれ以上の高さからのドラゴンスプラッシュが命中すれば、さすがの貴も絶対に肩を上げることはできないはずだった。

ただ金網は新しいものを作らない限りは、構造的にあれ以上の高さにすることはできない。ならばラダーということになるが、こちらも市販されているのは、最も高いもので3メートル弱。これでは金網と同じくらいの高さだ。

あれこれ考え実験も繰り返した結果、鉄檻《てつおり》の上にラダーを固定することにした。鉄檻の高さが約2メートル半でラダーが180センチ。合わせて4メートル30センチ。

本当はもっと高いラダーを使いたかったが、これ以上の高さになると幅が広くなりすぎて、鉄檻の上に固定することができなかったのだ。

ちなみに、この鉄檻はFMWで制作されたもの。FMWではリング外に設置されて、タッグマッチなどの際に選手を監禁するための、檻本来の役割を果たしてきた。

しかしFMW倒産後に大日本で使用されるようになると、デスマッチ・アイテムとしてリング内でも使用されるようになる。

頑丈な作りなので中に選手を監禁することはもちろん、ぶつけられると相当なダメージを負った。さらに檻の中に大量の蛍光灯をセットしたり、高さもあるので天井から飛んだりと、出番の度に鉄檻の使用法は進化していった。

そんな鉄檻の天井にラダーをセットすることで、自分は新たな使用法を開発したワケである。鉄檻をタイトルマッチで使用するのは、自分にとっては初めての経験だったが、タッグなどでは何度か使用していたので、特に不安も感じなかった。

そして迎えた9月10日の横浜文体。メインのデスマッチ選手権では、約3年ぶりに挑戦者として先に入場。リングインすると、まずは周囲を見渡す。

天井にラダーがセットされた超高層鉄檻には、さらに蛍光灯が30本以上セットされていた。鉄檻の上にセットされたラダーの頂上は、2階席よりもさらに高い位置にあった。ロープ2面には有刺鉄線が巻かれ蛍光灯が吊るされる。残る2面のリング下には、木枠にセットされた蛍光灯と有刺鉄線。

四方を様々なアイテムで囲まれることから、この試合は超高層ラダー＋蛍光灯＆有刺鉄線四面楚歌デスマッチと命名された。前の年に貴と対戦した際の、蛍光灯３００本デスマッチに、勝るとも劣らぬハードな試合形式だ。

王者と挑戦者の立場が逆転しての、約1年3カ月ぶりの貴とのデスマッチ選手権。序盤こそ前回と同じく、オーソドックスな攻防で幕を開けたが、徐々に四方を囲むアイテムを巡っての攻防となる。

ずっとタッグを組んでいたので、重々承知していたことではあったが、この1年3カ月で貴はデスマッチファイターとして、格段に進化していた。

何度か鉄檻に登ろうとしたが、その度に阻止されてしまう。それでも、ようやくケージの天井からのドラゴンスプラッシュを決める。高さ2メートル半からの跳躍だったので、十分すぎるほどの威力があったはずだが、貴は執念で肩を上げる。

ならば、さらに強烈なヤツを投下するしかない。

貴の反撃を断ち切ると鉄檻、さらにその上にセットされたラダーに登っていく。蛍光灯は敢えてセットしなかった。高さ4メートル半からのドラゴンスプラッシュが、返されることなどあり得なかったからだ。

ラダーの頂上に立つ。鉄檻の天井にガッチリ固定していただけあって、ラダーは予想以上に安定している。かつて経験したことがない高さだったが、それでも怪我をすることなく飛べると確信した。

ただ、見下ろした貴の体が、思ったよりも遠い位置にあった。これでは普段通りに飛んだら、距離が足りないかもしれない。

そこで普段よりも遠くに飛ぶことを意識してジャンプした瞬間、足場のラダーが勢いで後ろに傾いたのがわかった……。

4メートル半から落下した代償

後でこの試合を映像で確認したところ、ジャンプした勢いで、ラダーを固定していた鉄檻の天井の片側が、何センチか浮き上がっていた。

より遠くに飛ぶためにジャンプした横に向かうエネルギーが、ラダーにテコのような作用を与えて、鉄檻の天井を浮かせてしまったのだ。

結果、前に飛ぼうとした自分の運動エネルギーは、鉄檻の天井が浮くとともに、後ろに傾いたラダーに吸収されてしまった。

イメージしていたよりも前のめりの体勢で、4メートル半の高さから落下していく。空中で必死に体勢を立て直そうとしたが、本来のエネルギーを失った自分の体は、ダウンした貴には届かなかった。

凄まじい衝撃とともに両腕に激痛が走った。

それでも必死に這《は》って貴を押さえ込むが、当然のように返されてしまう。立ち上がって自分の右腕を見ると、不自然に曲がっているのがわかった。左腕にも大きな怪我を負ってしまったようだ。

それでも試合を諦めようとは思わなかった。心配そうに自分の腕を見るレフェリーを、「止めたら殺すぞ!」と言わんばかりに睨みつけ、立ち上がってきた貴にハイキックを打ち込み、必死に押さえ込むが返される。

腕の状態を考えれば、ケージはおろかコーナーにも登ることはできそうにない。

それでも諦めることなく貴のバックに回り、ドラゴン・スープレックスを狙う。しかし、左腕は何とか貴の腕を固めたものの、右腕は上がらない。それでもイチかバチかで、片腕しか固めていない状態の貴を、後ろに投げてブリッジで固めた。

いわゆるハーフネルソン・スープレックス・ホールド。

片腕だけで固めた貴の体が、イメージしていたよりも、斜めに傾いて叩きつけられたのがわかった。結果的にこの傾きが、貴により大きなダメージを与えたようで、レフェリーのカウントが3度マットを叩くのがわかった。

約9カ月ぶりのデスマッチ王座奪回。

しかし試合を終えた自分は救急搬送される。診断結果は右腕の骨折と左手首の脱臼。右腕の骨折は手術が必要なほどの重傷だった。

結果、自分はこの試合を最後に、翌年の3月14日に復帰するまで、デビュー以来初の長期欠場を余儀なくされることとなる。

当然、その間は防衛戦はできない。防衛戦ができない自分に、王者である資格はなかった。左腕の手術を行った翌日、自分はデスマッチ王座を返上した。

当たり前でないことを当たり前にやる

「ベストマッチはどの試合ですか？」

そんな質問に対する模範解答は、「次の試合がベストマッチになるよう頑張ります」という答えだろう。本気でそう思えなくなったら、少なくとも第一線で闘い続けることはできない。

だが、ワーストマッチは違う。これはこの先に更新してはいけないものだ。だから「生涯ワーストマッチは？」と問われれば、自分は今後のプロレス人生への戒めの気持ちも込めて、２００６年9月10日に横浜文体で行われた、佐々木貴とのデスマッチ選手権と答える。

自分はデスマッチを始めた時から、絶対に怪我をしないことを自分に課してきた。もちろんデスマッチをやっていれば、蛍光灯や有刺鉄線で体を切り刻まれる。血は出なくてもあちこちを痛めることもある。しかし、次の試合を休まずに済むレベルのものならば、そんなものは自分にとっては怪我のうちには入らない。

自分たちがやっているのは、通常ルールよりも危険で怪我のリスクが高いデスマッチだ。そんなデスマッチでお客さんが悲鳴を上げる試合をした後に、自分の足で控室に戻り、血だるまで試合後の売店に立って、翌日も当たり前のように試合をする。

そんな当たり前ではないことを、当たり前にやり続けることができるから、自分たちはプロを名乗ることができる。

見るからに危ないことをやって、大怪我をして救急車で運ばれるのは、素人にでもできることだ。だから自分は「デスマッチで怪我をするヤツは馬鹿だ」と言ってきた。そんな自分がデスマッチで長期欠場が必要な怪我を負ってしまった。まったくもって間抜けにもほどがある話だ。

もちろん、プロレスでは試合中の何でもないような動きの中で、大きな怪我を負ってしまうこともある。むしろ、そういうケースの方が多かったりもする。

しかし、自分の怪我は誰が見ても危険な技を失敗した結果だ。これはデスマッチファイターとして、最もやってはいけない失敗だった。

挙句の果てに防衛戦をすることもできず、ベルトを返上することとなったのだから、情けないにもほどがある。対戦相手の貴にも申し訳ない限りだ。

「最後のドラゴンスプラッシュまでは、本当に素晴らしい試合でしたよ」

入院中だった自分に、そんな慰めの言葉をかけてくれる人もいた。

たしかにそうだったかもしれない。しかし、現実は一つしかない。自分はあのドラゴンスプラッシュを失敗して、大怪我を負ってしまった。

この大失態を取り戻すには、1日も早く怪我を治して復帰するしかない。

こうして半年に及ぶ、プロレス人生初の長い欠場生活が始まった。

［第３章］

デスマッチ群雄割拠

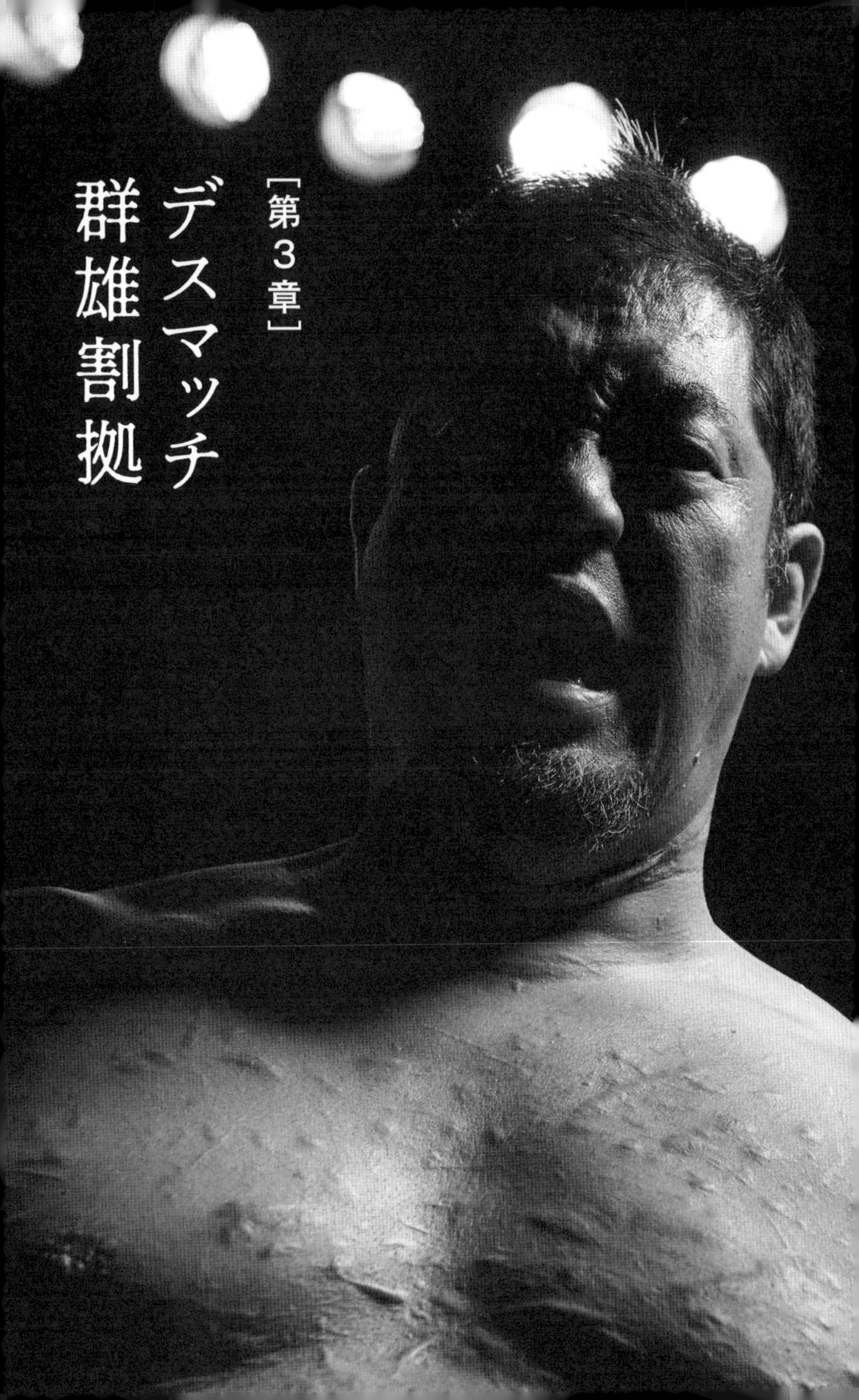

空中殺法とスピードの「喧嘩ファイター」

腕の手術を終えて退院してからは、可能な限り試合会場に行くようにしていた。何しろ両腕が満足に使えない状態なので、何か手伝えるというワケでもないのだが、それでもお客さんの前には姿を見せ続けることが、あの時の自分にできる精一杯のお詫びだった。

一方、自分の返上によって空位となったデスマッチ選手権は、12月の横浜文体で行われた王者決定戦で、沼澤を下した貴が返り咲いた。

こうして新王者となった貴に、２００７年の年明け早々に噛みついたのが宮本裕向だった。１・２後楽園大会のメインで行われた、８人タッグに出場した宮本は、後にアメリカのデスマッチ王と呼ばれるようになるＭＡＳＡＤＡから決勝のフォールを奪ったのだ。

前の年にデスマッチ・デビューを果たしてから半年。宮本にとっては後楽園でのメインで、自らが勝ち取った初の白星だった。

元ＦＭＷの選手たちによって旗揚げしたＷＭＦでデビューした宮本は、翌年に旗揚げした６６６に移籍。この試合の時点でまだキャリアは３年半足らず、年齢も24歳の若手選手だった。

宮本はこの試合の3カ月前に、リアルジャパンプロレス後楽園大会で行われた総合格闘技ルールのトーナメントで優勝していた。しかも、かつて暴走族だった宮本にとって、自分の喧嘩の強さを試すためのチャレンジだったので、格闘技用の練習はほとんど行わなかったというから驚きだ。

宮本の武器は恵まれた運動能力から繰り出す飛び技とスピード。MASADAを仕留めたムーンサルトも、矢継ぎ早に連打で繰り出したものだった。

さて、後楽園大会で勝利を収めた試合後に、貴のデスマッチ王座挑戦をアピールした宮本だったが、客席からは「まだ早い」という声も飛んだ。当時の宮本はまだデスマッチで勝ち星を上げることが少なかったので、当然と言えば当然の反応だ。

そこで、誰もが納得する結果を出してみろとばかり、月末の桂スタジオ大会で6人タッグ、翌月の大阪大会でタッグマッチと、貴との連戦が組まれたものの、宮本は直接フォールを奪われての連敗。

しかし、もはや後がなくなった状況で迎えた2月26日の後楽園大会で、宮本はWXさんからフォール勝ちを奪う。しばらく王座からは離れていたとはいえ、元王者であるWXさんからの勝利は、デスマッチ王座挑戦には十分な実績だった。

こうして翌月の3月14日の後楽園大会で、貴対宮本のデスマッチ選手権が正式決定する。とはいえ、この時点での実力は貴の方が明らかに一枚上。宮本には若さならではの勢いがあるとはいえ、デスマッチ選手権としてはやや弱いカードに思えた。

こういう場合、挑戦者の側が実績や実力を覆す可能性を期待させる試合形式を提案できるかも重要になってくる。自分に言わせれば、初挑戦なのに王者に試合形式を委ねるような選手は、試合前の時点で負けている。

そして、宮本は月末に行われた記者会見で、前代未聞の試合形式を提案する。それはアイデアにはいささかの自信がある自分も、「やられた！」と悔しさを感じるほど斬新で、しかも宮本の勝利の可能性も引き上げる、デスマッチ史上に残る見事な試合形式だった。

史上最高の場所からのムーンサルト

宮本が提案した試合形式は〝廣島大治組プレゼンツ高所作業につき立体足場建築現場デスマッチ〟。

メインのアイテムはコーナーに設置された、建築現場などで使用される、高さ約4メートルの足場。最初にアイデアを聞いた時には、面白いことを考えるものだと感心はしたものの、設営にどれだけの時間がかかるのか心配になった。

しかし、設営にあたった廣島大治建設のとび職人さんたちは、鉄パイプを見事な手際で組み立てていき、なんと12分余りで高さ4メートルの足場を完成させたのだ。

ちなみに設営にあたった職人さんの一人は、宮本の暴走族時代の仲間だった。つまり、あの足場には宮本と職人さんの、青春時代からの人生も刻み込まれていたのだ。作業が終了するや超満員札止めの客席から、驚きと尊敬の拍手が沸き起こった。

足場の作業の段階で、すでに出来上がっていた会場の空気は、挑戦者の宮本と王者の貴が入場するとさらに過熱。そしてゴングが鳴ると一気に爆発した。

宮本は自分が考案した足場を、存分に武器として活用した。足場上の攻防を制して貴を転落させると、高さ4メートルからのフットスタンプ。さらに20分過ぎには足場からのムーンサルトも放った。

おそらく、プロレス史上で最も高い場所からのムーンサルト。もちろん練習などしているはずがなかったが、躊躇なく飛んだ宮本は空中でゆっくりと回転して、見事に貴の上に落下した。この度胸の良さと空中でのバランス感覚も宮本の武器だ。

とはいえ高さ4メートルから、宙返りをしてからの落下だ。宮本自身も大きなダメージを負ってカバーが遅れ、カウント3を奪うことができない。

追撃を狙う宮本は貴を机の上にセットし、再び足場の上に登る。すると気合いとともに起き上がった貴も、宮本を追って足場を登っていく。足場上の攻防を制した貴は、宮本を抱え上げると、机めがけて落差4メートルの雪崩式D－ガイスト！

しかし今度は貴のカバーが遅れて、宮本がカウント2で肩を上げた。ここから勝負に出た貴がラッシュをかけるが、肩を上げ続ける宮本を、割れんばかりの宮本コールが後押しする。

そんな宮本を肩に担ぎ上げた貴は、脳天からマットに突き刺した。

新必殺技のD－ガイスト改！

これはさすがに返せずカウント3が入ったが、敗れた宮本の健闘を称える、試合中よりもさらに大きな宮本コールが沸き起こる。

まさに死闘だった。しかも、その死闘は観る人に生きる勇気さえ与えたはずだ。そして、あれほどの激闘を繰り広げながら、貴も宮本も自分の足で控室に戻っていった。

ちなみに、この大会で自分は約半年ぶりの復帰を果たし、復帰戦の6人タッグも自らの勝利で飾ることができた。しかし、メインの試合内容と爆発的な客席の盛り上がりを目《ま》の当たりにして、気持ちを引き締めざるを得なかった。

長期欠場が決まった時には、自分がいなくて大日本は大丈夫か？　と危惧を抱いた。ところが貴は伊東竜二不在の大日本を、デスマッチ王者としてだけでなく、他団体所属ながら事実上のエースとして盛り上げてくれた。

さらにキャリアも年齢も一世代下の宮本が、王座奪取こそ果たせなかったものの、これから一気に台頭してくることは明らかだった。

もはや自分は以前のように、デスマッチ戦線における絶対的存在ではない。それは悔しいけれど認めざるを得なかった。ならば、のんびりと様子を見ている時間などない。復帰したばかりの自分に課せられた義務は、一刻も早く貴からベルトを奪うことだった。

事実上の挑戦者決定戦を制し決戦へ

宮本を下して初防衛に成功した貴に対して、明確に挑戦の意志を表明していたのは、自分と小林さんと沼澤の3人だった。

ならば話は単純、自分以外の2人をシングルで倒せばいいと、まずは4月の後楽園で小林さんとシングルで対戦した。

デスマッチ王座を奪われた試合以来の一騎打ちだったが、しっかりと借りを返して5月の後楽園では沼澤と一騎打ち。沼澤には前の年の挑戦者決定戦で敗れていたので、こちらも自分にとってはリベンジマッチだった。

この試合ではアイテムに鉄檻も使用した。さすがに天井にラダーはセットしなかったが、貴と闘う前に怪我の原因となった鉄檻に対して、自分の気持ちの中でケリを付けておきたかったのだ。

鉄檻には蛍光灯もセットされ、さらに大型の蛍光灯アイテムが3コーナーにセットされたこの試合。ただでさえ強力なアイテムが多かった上に、試合中に沼澤が大量の画鋲をばら撒いたため、自分も沼澤も血まみれの上半身に、突き刺さった金色の画鋲がきらきら光る、非常にハードな闘いとなった。

勝負に出た自分は鉄檻の天井に登り、リング上に横たわる沼澤を見下ろす。少し危惧していた恐怖感はまったく感じることなく、むしろ普段より高く飛ぶことを意識して、ドラゴンスプラッシュを放った。

レフェリーの手がマットを3度叩く。

事実上の挑戦者決定戦を制したことで、貴と自分のデスマッチ選手権が決定する。時は7月8日、場所は前回と同じく横浜文体。

この試合は自分にとってはもちろん、貴にとっても極めて重要な試合だったはずだ。王者として挑戦を受けて立つのは貴だが、過去のデスマッチ選手権の戦績は自分の2連勝。だから王者である貴の側にも、自分に挑むという気持ちもあったに違いない。

そんなタイトルマッチ本番を、11日後に控えた6月26日の後楽園大会で、貴との最後の前哨戦が組まれた。試合形式は蛍光灯デスマッチ。貴は宮本と組んで自分のパートナーは小林さん。当然のように自分が貴からフォールを奪って、横浜文体に向けて勢いをつけるつもりで臨んだ一戦だった。

ところがこの試合で自分は、逆に貴からフォールを奪われてしまう。決まり手は蛍光灯をセットしての右脚。完敗だった。

小林さんと沼澤を連破した自分は、勢いでは貴を上回っていると思っていた。しかし、貴は自分の勢い以上に強くなっていたのだ。

試合後、前哨戦で負けた自分を叱咤《しった》した貴は、「何でも受けてやるから、試合形式はお前が決めろ」と投げかけてきた。

言われなくてもすでに決めていた。

蛍光灯300本デスマッチ。

2年前に初めて貴とデスマッチ王座を賭けて闘った時の試合形式だ。だからといって、リバイバルをやるつもりはなかった。

自分にとっても貴にとっても、蛍光灯300本デスマッチは2年ぶり。初対決の時と同じ試合形式で、お互いの2年間の歩みを確認したいという思いもあった。

そして迎えた7月8日の横浜文体。マットにも蛍光灯が敷き詰められたリングは、2年前もそうだったように、普段よりもかなり明るく感じた。

「デスマッチ版絶対王者」の誕生

デスマッチでは同じ相手との同じ試合形式でも、とりわけ序盤は前の試合とは、異なる展開となることがある。この試合もそうだった。

まずはお互いに蛍光灯を踏みつぶしながら、相手の出方を窺《うかが》う。そしてリング中央で組み合った。ここまでは2年前とほぼ同じ展開だった。ただ、リングに敷き詰められた蛍光灯の怖さを、自分も貴も知った上で臨んだこの試合は、ここから前回とは異質な攻防となる。

お互いが繰り出す基本的な投げ技も、踏ん張って簡単には決めさせない。なぜなら、どんな基本技であろうが、先に受け身を取った方が、この試合では不利になることが、自分も貴もわかっていたからだ。

柔道やレスリングの経験がない自分には、初めて経験する性質の攻防だったが、鳥肌が立つくらいの緊張感が心地よかった。そして、自分のボディスラムが決まって、貴に最初の受け身を取らせた。

マット上の蛍光灯が砕け散り、貴が「やられた！」という表情を見せる。まずは先手を取ることに成功した。一気に攻め込もうとするが、貴もすぐさま反撃に転じる。

何しろリング内には過剰なくらいに蛍光灯がある試合形式だ。当然のように試合は一進一退の消耗戦となっていく。

自分のドラゴンスプラッシュ。

貴の〝右脚〟。

いずれも蛍光灯束で威力を強化した一発だったが、お互いに返し合う。

ならばと1回目より本数を倍増した、蛍光灯束をセットしてのドラゴンスプラッシュ！

これも返される。

対する貴は持参した蛍光灯バズーカ（19本使用）をセットしての〝右脚〟！

気が遠くなりかけたが、カウント3寸前で辛うじて肩が上がった。あと一発でも大きい技を食らったら、次は危ないと思った。

しかし貴の追撃は止まらない。グロッギー状態の自分を担ぎ上げると、セットした蛍光灯束めがけてのＤ－ガイスト改！

朦朧《もうろう》とする意識の中で、レフェリーがマットを3度叩く音が聞こえた。

負けた！

貴にシングルで負けたのは初めて。挑戦者として挑んだデスマッチ選手権で負けたのも初めて。さらに蛍光灯300本デスマッチでの負けも初めて。自分にとっては初めて尽くしの敗北だった。

一方、まだ2度目の防衛ながら、前回の王者時代から防衛戦で名勝負を連発し、自分からも初勝利を挙げた貴は、この頃から「デスマッチ版絶対王者」と呼ばれるようになる。

死力を尽くした試合で負けたからこそ書けるが、当時の貴には絶対王者と呼ばれるだけの力があった。そして誰もが貴の長期政権を予想していたはずだ。

ところが貴が絶対王者と呼ばれた期間は、意外なくらいに早く終わりを迎えることになるのだった。

動かない「貴有利」の予想を覆す

自分を下して防衛に成功した翌月の8月26日に、貴はデスマッチ王座3度目の防衛戦に臨んだ。舞台となったのは大日本も含む、複数のインディー団体共催で、今はなきディファ有明で行われた、プロレスサミットというイベント。

大日本以外の興行でデスマッチ選手権が行われたのは、現時点ではこのプロレスサミットが最初で最後だ。この大会のメインでデスマッチ選手権が行われることは、6月の時点で決定していた。

まずは横浜文体で自分を下した貴が、王者としてこの大会で防衛戦を行うことが決定。そして貴への事実上の挑戦者決定戦となる一戦が、7月30日の後楽園大会のメインで行われた。試合形式は蛍光灯3WAYタッグデスマッチ。出場したのは伊東&小林組、葛西&沼澤組、貴&宮本組の3チーム。

王者の貴がカードに入っていたこともあって、正式なアナウンスこそされていなかったが、この試合で決勝のフォールを奪った選手が、ディファでの挑戦権を得ることは明らかな一戦だった。このような試合では勝利へのモチベーションが、勝敗を分ける重要な要素になってくる。

まず、王者である貴は一歩引いていた。「デスマッチ王座に挑戦するのは、伊東竜二が王者の時」と公言していた葛西さんも、この試合では沼澤のアシストに徹した。では自分はといえば、貴に負けたばかりということもあって、この時は今一つモチベーションが上がり切っていなかった。

結果から書いてしまえば、この試合は沼澤が小林さんを沈めて、貴への挑戦権を勝ち取った。実力や時の運もさることながら、貴への挑戦に対するモチベーションが最も高かったのが、沼澤だったということだろう。

ただ、文体で負けて1カ月も経っていなかったこともあって、沼澤が貴に勝てるとは思えなかった。

この日からディファでのデスマッチ選手権までの1カ月弱の間に、地方の大会で行われたタッグで、沼澤は小林さんやWXさんに勝って、着実に勢いは加速していたが、それでも自分の中で貴有利の予想は動かなかった。

ところが自分の予想は見事に外れた。

蛍光灯デスマッチで行われた8月26日のデスマッチ選手権は、沼澤が貴を下して新王者となったのだ。

20分近くに及んだ試合の中で、6割以上は貴が主導権を握っていた。とりわけ中盤戦を過ぎたあたりからは、これで貴が勝ったと思うシーンが何度かあった。

しかし、どんなに強烈な攻撃を受けても肩を上げ続けた沼澤は、終盤戦に入って怒涛の猛ラッシュの末に、最後は狂神太平（くるいがみのたいへい＝スライディング・ラリアット）の連打で貴を沈めたのだ。

勝利に対する執念が、普通に闘えば困難な結果を呼び込むことがある。自分で言えば初めてデスマッチ王者になった、金村さんとの試合がそうだった。

そして、絶対王者と呼ばれていた貴に、あの時の沼澤が勝った最大の勝因は、月並みな言葉になってしまうが、やはりベルトへの執念だったような気がする。

貴が素晴らしい王者だからこそ、自分が勝ってベルトを奪いたかった。しかし、同じ挑戦者として貴に挑み、自分は負けて沼澤は勝ってベルトを奪った。まずはその事実を受け入れることが、次の王者返り咲きへの第一歩と、気持ちを切り替えた。

ただ、念願のベルトを奪ったばかりの沼澤の表情が、どこか沈んでいるように見えたのが気にかかった。

真面目すぎる新王者の深い悩み

現在はリングネームに〝黒天使〟が付いている沼澤邪鬼は、自分よりも1年後輩で年齢も一つ下。しかしデスマッチを始めたのは、自分よりも1年近く早かった。そもそも彼が大日本に入門したのも、デスマッチをやるためだった。

沼澤の性格を3文字でまとめるなら「真面目」。破天荒極まりないメイクで暴れる、リング上の姿からは意外に思われるかもしれないが、素顔の彼は極めて真面目な常識人だ。

プロレスラーとしては体格、運動能力ともに、明らかなハンデになるほど劣る部分がない代わりに、これといった突出した部分もないタイプ。ただ、頭の回転は速いし非常に研究熱心な男だ。

そんな彼が自分の長所や短所を分析し、かつ理想のプロレスラー像を突き詰めた末に、創り上げられたのが沼澤邪鬼というプロレスラーだと自分は考えている。

狂気を前面に押し出したキャラクターは、常識人で真面目過ぎるくらいの、本来の人格の反動でもあるのだろう。言わばジキル博士とハイド氏のようなものだ。

基本的に真面目なことはプロレスラーにとっても長所なのだが、過ぎると短所の側面も出てくる。沼澤に関しては真面目であるがゆえに、必要以上に考え込んだ末、迷路に迷い込んでしまう傾向があるのだ。

例えば研究熱心な彼は、新しい決め技を次々と開発する。もちろん技が増えるのは悪いことではない。同じ技も使い続けていれば、返されることも多くなる。だが、技には使い続けることによって、磨かれ進化していく側面もある。そうやって使い手が根気よく育てることで、徐々に強化されて本当の意味での必殺技になっていくのだ。

しかし次から次へと新技を開発する沼澤には、自分のドラゴンスプラッシュや、大介のジャーマンのような、代名詞的な必殺技がなかった。これは沼澤邪鬼というプロレスラーの、わかりやすい欠点だった。

そんな真面目な性格もあってか、王者になってからの沼澤は、一人で考え込んでいることが多くなった。絶対王者とまで呼ばれた貴の後の王者なので、当然のようにプレッシャーは大きかったはず。在るべき王者像についても、ずいぶん悩んでいるようだった。もちろんプロレスラーも成長するためには、時には悩むことも必要だ。しかし、当時の沼澤はその結果として覇気《はき》まで失いつつあった。これは、沼澤本人はもちろんのこと、大日本にとっても困った事態だった。

そんな沼澤の初防衛戦の相手に名乗りを上げたのが小林さん。覇気のない沼澤ならベルト奪取のチャンスと考えたのか、それとも元気のない後輩に喝を入れようとしたのか？いずれにせよ当時の沼澤にとっては、小林さんは格好の挑戦者だと思った。デスマッチの方向性が似ていることもあったが、小林さんは悪い意味で真面目過ぎる沼澤とは対照的に、いい意味でプロレスラー的なおおらかさ、言い換えればいい加減さを持ち合わせた人物だったからだ。

そんな小林さんと対戦すれば、勝っても負けても沼澤は迷路の出口を見つけて、以前の覇気を取り戻すことができるように思えたのだ。

一方、小林さんは沼澤とのデスマッチ選手権に、彼ならではの破天荒極まりない試合形式を提案することとなる。

後輩だからと挑戦しなければ未来はない

挑戦者の小林さんが提案した試合形式は、蛍光灯４４４本デスマッチだった。それまでの最高が、自分がやった３００本だったので、１４４本増の大幅な記録更新である。ちなみに４４４本としたのは、長嶋茂雄さんの生涯ホームラン数にちなんでのこと。さらには死を連想させる4を、３つ並べることによるインパクトも狙ったのだろう。大一番前は恒例となっている特訓もそうだが、小林さんの話題作りのセンスには、いつも感心させられてしまう。

そして迎えた10月14日の後楽園大会。メインで行われたデスマッチ選手権の準備が進んでいくうちに、会場からどよめきが起きた。

まずロープ2面に１００本ずつの蛍光灯が隙間なく吊るされて、蛍光灯の壁が出来上がった。残る2面にも普段よりかなり多い50本ずつが吊るされて、これで合計３００本。そして残る１４４本がリング上を覆い尽くした。

隙間なく蛍光灯が吊るされた１００本側のお客さんには、ほとんどリングの中が見えない。50本側も普段よりはかなり見辛《みづら》かったはずだ。それでも客席から飛ぶ「これじゃ見えないよぉ」という声は、どこか嬉しそうだった。

しかし、ゴングが鳴るやお客さんの視界を遮っていた蛍光灯は次々と粉砕され、真っ白な破片となってリング上を覆い尽くしていく。試合開始から5分を過ぎた頃には、沼澤も小林さんも文字通りの血だるまになっていた。

終盤戦、ここ一番のフンドシ姿になって気合いを入れた小林さんは、この試合用に開発した一本足チョップを狙う。蛍光灯の本数は長嶋茂雄さんにちなんだが、技は王貞治さんをオマージュするあたりが、小林さんならではの斜め上を行くセンスだ。

この一本足チョップをかわした沼澤が、神威で丸め込んでカウント3。壮絶な流血戦を制して初防衛に成功した沼澤は、王者になって初めて満足げな笑顔を見せた。

正直な話をしてしまえば、後輩の沼澤が王者になったことで、デスマッチ王座奪回へのテンションが落ちていた部分もあった。しかし沼澤と小林さんの壮絶な試合は、そんなくだらない思いを吹っ飛ばした。

デスマッチを続けていけば、これからも自分より後輩のデスマッチ王者は次々と出てくるだろう。後輩だからという理由で挑戦をためらっていては、自分はやがてデスマッチの一線から脱落してしまう。

意を決した自分は試合後のリングに上がって、沼澤に挑戦を要求した。2カ月後の12月14日に行われる横浜文体で、次の防衛戦が行われる可能性が高いことを考えれば、のんびりと構えている時間的な余裕はなかった。

この挑戦要求を沼澤も受けて立ち、横浜文体でのタイトルマッチが正式決定した。

寮で苦楽を共にした選手との大一番

2001年12月に開催された横浜アリーナ大会で、まだ若手だった自分は第1試合、沼澤は第3試合に出場した。はっきり言ってしまえば、どちらも注目度は低いカードで、試合内容を覚えている人も少ないだろう。

それから6年後の横浜文体のメインで、そんな2人がデスマッチ王座を争うことになるなど、少なくとも横浜アリーナ大会の時点では、誰一人として予想していなかったことだろう。

さらに大日本所属同士による横浜文体のメインも、自分が小林さんにベルト奪われた、2年前の12月以来。小林さんと闘った時もそうだったが、若手時代に寮で苦楽を共にした選手との大一番には、忘れかけていた様々な記憶が蘇ってくる。

しかし、そんな感傷的な思いも、入場ゲートに立つ頃には消し飛んでいた。腕の骨折で欠場中という、最低の状況で始まったこの年を、最高の形で終えるためには、沼澤からベルトを奪う以外になかった。

意外にもこの試合が初だった沼澤とのデスマッチ選手権は、クリスマス前ということもあって、各コーナーに蛍光灯、有刺鉄線、釘板などの十字架をセットした形式で行われた。デスマッチ選手権としては比較的シンプルな試合形式だったが、これは自分と沼澤がともに望んだことだった。

デスマッチファイターは思い入れが深い相手との試合だからこそ、より危険度の高い形式で闘いたいと思う時もあれば、逆にシンプルな形式で闘いたいと望む時もある。

このあたりの心理は言葉では上手く説明できないのだが、少なくともこの時の自分は、できるだけリングを広く使える状態で、沼澤と思う存分に闘うことを望んでいた。おそらく沼澤も同じ気持ちだったと思う。

沼澤とのシングルは5月の後楽園以来だったが、絶対王者と言われた貴からのベルト奪取と、そこから王者として悩み抜いた4カ月弱の時間は、彼を格段に強くしていた。

蛍光灯をセットしてのドラゴンスプラッシュも、久しぶりに放ったファイアーバード・スプラッシュもカウント3は奪えない。それどころか一瞬の隙を突かれて、前の年に不覚を喫した神威で丸め込まれてしまう。しかし、これは自分も首固めで切り返した。

沼澤も強くなっていたが、自分も立ち止まっていたワケではないのだ。

再び沼澤を攻め込むと普段の倍サイズ、30本使用の板状蛍光灯束（このサイズになると板状というよりは箱状になる）をセットして再度のドラゴンスプラッシュ。これがトドメとなってカウント3が入った。

欠場中という不本意な状態で始まった２００７年だったが、最後の最後で1年3カ月ぶりに王者に返り咲くことができた。久しぶりに自分の腰に戻ってきたベルトは、以前よりもさらに重くなっていたように感じた。

制限時間ギリギリの攻防が勝負を分ける

２００８年の年明け早々に開催された、1月6日の桂スタジオ大会で、自分はＭＡＳＡＤＡを相手にデスマッチ王座の初防衛戦を行った。

この時点で約2年半にわたって、大日本にレギュラー参戦を続けていたＭＡＳＡＤＡだったが、デスマッチ王座への挑戦は初。そろそろ大きなチャンスを与えるべきという声が、前年の秋あたりからファンの間で、高まってきたことを受けての挑戦だった。

日本人のようなリングネームだがアメリカ人のMASADAは、体も大きく攻撃力に関しては、当時のデスマッチファイターの中でもトップクラスだった。

さらに大量の竹串を相手の脳天に突き刺す攻撃を考案したり、この試合ではそれまで日本では使用されたことがなかった、コンクリートブロックをアイテムとして提案するなど、日本人にはないアイデアの持ち主でもあった。

ただ、攻めている時はやたら強いが、守りに回ると呆気《あっけ》なく諦めてしまうところがあり、ここまで大きな結果を出すことができず、デスマッチ王座に挑戦する機会もなかったのだ。しかし、この日はようやく手にしたチャンスとあって、MASADAは普段以上に荒っぽく強烈な攻撃で、自分を追い込んできた。今までならば決まり手となった攻撃が決まっても、執念で肩を上げ続ける。

気が付けば試合時間は25分を経過。この前年からデスマッチ選手権の試合時間は、それまでの無制限から30分に改められていた。

ベルトが移動しない引き分けは負けと同じと考えたのだろう。ここでMASADAはとんでもない攻撃で勝負に出る。有刺鉄線でロープに固定した自分の脳天を、抱え上げた折り畳み式の机で連打しはじめたのだ。

10キロ近い机が振り下ろされる。凄まじい衝撃が、脳天から首を襲う。少しでも気を抜いたら、失神してしまうか首に大きな怪我を負ってしまっただろう。

しかし、ここでひるんだら負けだと気持ちを奮い起こして、「もっと殴れ！」と叫びながら、睨み続けたＭＡＳＡＤＡの目に、「マジかよ……」という弱気の色が見えた。

拘束していた有刺鉄線を外した自分を、机の上にセットしたＭＡＳＡＤＡは、照明や撮影に使用する足場をリングサイドに移動させ、そこからダイビングエルボーを投下。落差は3メートルくらいあったので、命中していれば負けていただろう。

しかし、足場を移動させるのに時間がかかり過ぎた。ダメージから回復した自分は、ＭＡＳＡＤＡを自爆させると一気にラッシュ。最後はＭＡＳＡＤＡがリングサイドに移動させた、足場からのドラゴンスプラッシュでトドメを刺した。

こうして初防衛に成功した自分に、翌月の後楽園で意外な選手が挑戦の名乗りを上げる。しかし、その選手からの挑戦要求は、実は自分が初めてベルトを取った時から、ずっと待ち続けていたことだった。

やっと認められ嬉しくて仕方なかった

2月9日の後楽園大会のメインで、自分はＷＸさんとのコンビで貴&宮本組と対戦した。チャンピオンになった自分に対して、貴と宮本に挑戦の意志ありと、見越した上で組まれたカードだった。

予想通り貴と宮本は競うようにして、自分に襲い掛かってきた。ただ実際に闘ってみた感触では、宮本の方により強い挑戦への意志を感じた。

ところが試合は予想外の結末となる。終盤の乱戦を制したWXさんが、旋回式の垂直落下ブレーンバスターで宮本を沈めたのだ。さらに試合後、マイクを握ったWXさんは、久しぶりのデスマッチ王座挑戦を宣言、すなわち自分に挑戦状を叩きつけてきた。

ずっとデスマッチは続けていたものの、自分がチャンピオンになって以降のWXさんは、一度もデスマッチ王座に挑戦したことがなかった。

2003年に金村さんへの挑戦権を賭けて、自分と対戦したのが、WXさんがデスマッチ王座に絡んだ最後の試合。実際のタイトルマッチとなると、その前年に行われた金村さんとの王者決定戦まで遡る。

だからといってWXさんが弱くなったとは思えなかった。ナチュラルなヘビー級の肉体から繰り出す攻撃力は健在だったし、この試合の時点での年齢は39歳。つまり現在の自分よりも若くコンディションも良かった。

にもかかわらず、デスマッチのベルトに挑もうとしないWXさんが、ずっと歯がゆくて仕方なかった。そしてＷＸさんに「こいつからベルトを奪いたい！」と思わせることができないことが、悔しくて仕方なかった。

もっとも、当時のＷＸさんの年齢を越えた今だからわかるが、それも無理のない話だったような気がする。

最初のベルトは誰でも無我夢中で取りに行ける。しかし、それが２度目、３度目となってくると、最初の時とは異なる種類のモチベーションが必要になる。

ましてや自分が王者になって以降のデスマッチ戦線は、ＷＸさんよりも一世代下である、自分たちが中心になって争われていた。すでに３度もデスマッチ王者になっていたＷＸさんにしてみれば、今さら自分が……という思いもあったのかもしれない。

そんなＷＸさんが久しぶりに、王者返り咲きに向けて明確な意思表示をした。しかもチャンピオンが自分の時にだ。やっと先輩に認められた気がして、内心では嬉しくて仕方なかった。

しかし敗れた宮本も「１回勝ったくらいで調子に乗るな！」と、ＷＸさんの挑戦に待ったをかける。８日後に行われた大阪大会のタッグマッチでは、宮本がＷＸさんから直接フォールを奪い返した。すると３月２日の桂スタジオ大会では、ＷＸさんが宮本をラリアットで沈める。

こうして激しい挑戦権争いを繰り広げた2人は、3月24日の後楽園大会で次期挑戦者決定戦を行うこととなった。

WXさんも宮本も気合い満々だし、どちらが挑戦者になっても、デスマッチ選手権を賭けて闘うのは初めて。チャンピオン冥利《みょうり》に尽きる激しい挑戦者争いに、自分の心もファン時代に戻ったようにワクワクしていた。

全てが対照的な両者による挑戦者決定戦

WXさんと宮本のデスマッチ王座次期挑戦者決定戦は、場内の照明を落とし、コーナーに設置された発光蛍光灯ボードの灯りのみを頼りに闘う、月光暗闇蛍光灯ボードデスマッチで行われた。

当時のデスマッチ戦線では最ベテランがWXさんで、最も若かったのが宮本。パワフルな攻撃が身上のWXさんに対して、宮本はスピードと空中殺法が武器。

何から何まで対照的な両者は、発光蛍光灯ボードに照らされた薄暗いリングで、一進一退の真っ向勝負を繰り広げた。WXさんの強さや怖さは健在だったし、宮本は貴と激闘を繰り広げた1年前よりも、さらに強くなった上に計算高さまで身に着けていた。

しかし、最終的にはＷＸさんの経験と強さが、宮本の若さと勢いを制圧する。最後の発光蛍光灯も粉砕されて、カメラマンのフラッシュと、場内の非常灯のみに照らされたリングで、一気に勝負に出たＷＸさんが、ラリアットで宮本を粉砕。久しぶりのデスマッチ王座挑戦を決めた。

この年は7月まで横浜文体大会がなかったので、タイトルマッチは4月か5月の後楽園と思っていたら、ＷＸさんが要求してきた試合会場は、1月にＭＡＳＡＤＡとの防衛戦を行った桂スタジオだった。

この試合の数年後に閉館してしまった桂スタジオは、埼玉県の越谷市にあった。本来は映画やドラマの撮影用の施設だったのだが、プロレスの興行会場としても貸し出されており、この頃の大日本は隔月ペースで大会を開催していた。

最寄駅からは歩いて15分以上かかる上に、収容人員も後楽園ホールの3分の1くらい。それでも大日本が頻繁に使用していたのは、この施設のオーナーさんがとてもおおらかな方で、当時の首都圏では最もＮＧが少ない屋内会場だったからだ。

蛍光灯や有刺鉄線はもちろんのこと、他の会場ではＮＧとなる火を使ったデスマッチも、「ほう、火ですか。そりゃ凄いですね。まあ火事を出さないように気を付けてください」と、使用許可を出してくれたのだ。

今から思えば消防法的にはアウトだったと思われるが、あの頃は心の広い会場もあるものだと、ありがたく使わせて頂いていた。

そんな桂スタジオでのデスマッチ選手権をＷＸさんが要求したのは、他の会場では使用できない攻撃手段、すなわち火を使うという予告だった。

ミスター・ポーゴさんの弟子であるＷＸさんは、口から火炎を噴射するビッグファイアーも伝授されていた。まともに食らうようなことがあれば、負けに直結する可能性もある、強烈で危険極まりない攻撃だ。

そこまでなりふりかまわずＷＸさんは勝ちを狙っている。だが、それはむしろ自分にとっては望むところだった。

再び意識が回復した時に目にしたもの

ＷＸさんとのデスマッチ選手権は、蛍光灯ボード＆凶器持ち込みデスマッチで行われた。デスマッチ選手権としては比較的シンプルな試合形式だ。

ＷＸさんはいつものようにシャツを着用していた。このシャツ着用に関しては、以前から批判的な意見もあった。とりわけ蛍光灯デスマッチでは、シャツを着ていると破片によるダメージが軽減されるからだ。

ただ、WXさんは大日本に蛍光灯が導入される前から、シャツ着用で試合をしており、それは一貫した彼のスタイルで、決して蛍光灯の破片が怖かったからではない。

この試合では何度となく、WXさんのシャツに蛍光灯を差し込んで攻撃を加えた。シャツの中で割れた蛍光灯は、破片が残ってしまうので、上半身裸の時よりも大きなダメージを受ける。これはデスマッチでシャツを着用する選手ならではのリスクだ。

しかしWXさんはまったくひるまない。予想通りではあったが嬉しくなってきた。

蛍光灯をセットしてのドラゴンスプラッシュを返されると、MASADA戦でも使った、桂スタジオ名物の足場をリングサイドに移動。蛍光灯の束を持って入場したが、この試合の本命アイテムはこっちだ。

リング上のWXさんはTシャツを脱ぎ捨てて、上半身血だるまで待ち構えている。さすが先輩！　ますます嬉しくなって、一気に攻め込みダウンさせると、足場に登って落差3メートル以上のドラゴンスプラッシュ！

MASADAはこれで仕留めたが、WXさんは肩を上げる。さすが先輩だ！

ならば、もう一発と再び足場に登ったら、今度はWXさんも後を追ってきた。狭い足場での攻防はWXさんが制して、今度は自分が落差3メートルの、超雪崩式ブレーンバスターを食らってしまう。

全身に電気が走るような衝撃だったが、それでも必死に肩を上げた。何とか意識朦朧の状態で立ち上がると、WXさんの口から吹き出された、巨大な炎が自分に迫ってきた。

ビッグファイアー！

とっさに顔をガードして背中を向けた直後に、上半身全体を凄まじい熱さが襲った。

さらに追撃のラリアットでなぎ倒された自分を、WXさんが押さえ込んでくる。

火傷を負ったらしい背中に激痛が走ったが、おかげで朦朧としていた意識が戻って、どうにか肩を上げることができた。しかし、WXさんの追撃は止まらない。

椅子にセットした蛍光灯ボードへの垂直落下ブレーンバスター！

辛うじて返したが再び意識が遠のいてくる。

そして再び意識が回復した時に目にしたのは、勝ち名乗りを受けるWXさんの姿だった。決まり手は旋回式の垂直落下式ブレーンバスターだったらしい。

こうして自分は3度目の王座から半年で陥落してしまった。対するWXさんは8年ぶり4度目の王者返り咲きを果たす。

ベテランのWXさんが王者に返り咲いたことを、時計の針が戻ったと受け取った人もいたようだが、自分はそうは思わなかった。

誰が王者であろうが時計の針は常に進み続ける。むしろベテランのＷＸさんが王者になったことで、デスマッチ戦線は新たなターンに入ったと自分は考えていた。

一方、この年の大日本プロレスはデスマッチ戦線だけでなく、関本大介を軸とした通常ルールの闘いも、次のステップに向けての、大きな一歩を踏み出そうとしていた。

ストロングＢＪの萌芽

この前年の東京スポーツ社制定プロレス大賞で、大介は技能賞を受賞した。大日本所属選手のプロレス大賞受賞は、旗揚げ以来初めてのことだった。

デスマッチ戦線から離れてからの大介は、新日本やＺＥＲＯ１－ＭＡＸをはじめとする、他団体への参戦機会が増えた。以前よりも多くの人の目に触れる機会が増えた大介は、マスコミ関係者からも高く評価され、その結果としての技能賞受賞だった。

ただ、大介に託された使命である、大日本での通常ルール部門の確立に関しては、なかなか目に見える成果が出せない状況が続いていた。当時の大日本の通常ルール部門では、大介の実力があまりに突出しており、団体内に競い合える選手がいなかったのだ。

その点、デスマッチ戦線にはＷＸさん、小林さん、沼澤といった、自分が競い合える団体内のライバルがいた。彼らがいたからこそ、他団体から参戦している貴や葛西さんも、思う存分に暴れまわることができたのだ。

そんな感じで大介の孤軍奮闘が続いていた大日本の通常ルール部門に、この年に大きな変化が続けて起きた。

まず3月に石川晋也、6月に岡林裕二、12月に河上隆一が次々とデビューを果たした。前年に大橋篤（現・フランク篤）がデビューしていたが、2001年の横浜アリーナ大会後は、入門者が激減していた上に、ようやくデビューしても新人が定着しなかった大日本にとって、1年に3人ものデビューは未来への明るい兆しだった。

しかもこの年にデビューした3人は、それぞれ異なる個性と才能の持ち主で、それほど遠くない将来には、大介と競い合えることが期待できる有望株たちだった。

さらに、この年の春から負傷で欠場を続けた末に、ZERO1－MAXを退団した佐々木義人が、11月からフリーとしてレギュラー参戦するようになる。

FMWでデビューした義人は、大介とは新人時代からの友人にしてライバル。越境コンビを組んでこの年の3月まで、1年半近くにわたってBJWタッグ王座にも君臨していた。義人は約半年間のレギュラー参戦を経て、翌年5月に正式に大日本の所属となる。

義人の入団によって大介は団体内に、最高のパートナーとライバルを得る。さらに有望な新人たちのデビュー。大日本の通常ルール部門、すなわち後のストロングＢＪは、近い将来の爆発に向けて着々と陣容を整えつつあった。

意外な挑戦者と意外なアイテム

自分からデスマッチ王座を奪ったＷＸさんに対して、意外な選手から挑戦の名乗りが上がった。５月23日に行われた後楽園大会のメイン終了後に現れた葛西さんが、ＷＸさんに挑戦状を叩きつけたのだ。

自分が王者の時以外で、葛西さんがデスマッチ王座挑戦を要求したのは、２００６年から大日本に参戦するようになって初めてのことだった。葛西さんにとってもかつての先輩で、若い頃には散々叩きのめされたＷＸさんは、特別な存在だったのだろう。

しかし、この時点で葛西さんは、前年の11月に負った膝の負傷による欠場中で、まだ復帰も果たしていなかった。当然のように「半年も休んでるヤツが、アピール一つで挑戦できるのかよ！」と、ＷＸさんのベルトをねらう貴と宮本が待ったをかける。では自分はと言えば、この時は一歩引いていた。

ＷＸさんに負けてベルトを失ったばかりだったこともあったが、「デスマッチ王者に挑戦するのは伊東がチャンピオンの時」と公言していた葛西さんが、WXさんに挑戦を要求したことに、少なからぬショックを受けていたからだ。

そして翌月の後楽園大会のメインで、葛西&沼澤組対貴&宮本組というカードが組まれる。事実上のWXさんへの挑戦者決定戦だった。この試合で宮本を下した葛西さんが、約7年ぶりとなるデスマッチ王座挑戦を勝ち取った。

WXさんと葛西さんのデスマッチ選手権が行われたのは、7月13日の横浜文体。WXさんへのリベンジも果たしたい一方で、葛西さんが勝って王者になれば、自分が挑戦者として名乗りを上げて、今度こそ一騎打ちを実現させたい思いもあった。

そんな複雑な思いで見守ったメインのデスマッチ選手権には、鉄檻と蛍光灯ボードに加えて、WXさんからの提案で、世界で最も辛い調味料、その名もデスソースがアイテムとして使用された。

このデスソースを試しに舐めてみたが、たった一滴でも口の中から喉が焼けるほど熱くなり、大量の水を飲んでも苦痛は収まらず、むしろ胃の中まで痛みが拡がった。ただ、どんなに強烈に辛かろうが、蛍光灯や有刺鉄線のように体に刺さったり切れたりすることはない。

だから勝敗を決するアイテムにはなり得ないと予想していたのだが……。

孤独な闘いを続けてきた王者の快進撃

ＷＸさんと葛西さんのデスマッチ選手権は、予想を上回る熱戦となった。久々の挑戦となる葛西さんの気合いも凄かったが、ＷＸさんもそれに劣らない気迫で応戦。勝負に出た葛西さんが、蛍光灯の破片で自らの胸を切り裂いて気合いを入れれば、Ｔシャツを脱ぎ捨てたＷＸさんも、負けてたまるかと自分の胸を切り裂く。

そして勝負に出たＷＸさんが、蛍光灯の破片で血まみれになっていた葛西さんの背中に、大量のデスソースを降りかけた。

一滴舐めただけで悶絶《もんぜつ》するデスソースが、大量に傷口に浴びせられたのだから、その激痛たるや想像を絶するものがある。さすがの葛西さんも未経験の痛みに七転八倒する。

さらにＷＸさんはボードの上に、ありったけのデスソースをぶちまけると、その上に葛西さんを垂直落下ブレーンバスターで投げ落とした。これにはさすがの葛西さんも肩を上げることができず、ＷＸさんが初防衛に成功した。

強敵の葛西さんを下したＷＸさんは、翌月の大阪大会では小林さん、11月の岩手大会では貴を下して、ハイペースで防衛に成功。ベルトは自分から奪っていたので、この頃に大日本に参戦していた、沼澤を除く元デスマッチ王者全員をタイトルマッチで下すという圧倒的なまでの快進撃だった。

今になって思えばこの快進撃は、WXさんの強さが健在だったことはもちろん、かつてライバルとして競い合った、山川竜司さんへの思いも大きな原動力となっていたような気がする。

2001年の横浜アリーナ大会で復帰を果たしたものの、椎間板ヘルニアを発症したこともあって、精彩を欠く試合が続いていた山川さんは、2004年9月の後楽園大会を最後に、故郷の北海道に戻って無期限の休業に入った。

その後、何度か大日本でも試合は行ったが、ヘルニアが完治していないこともあって、本格的な復帰には至らない状態が続いていた。

WXさんが久しぶりにデスマッチ王座に挑戦して、王者に返り咲いた後も積極的な防衛を続けていたのは、「俺も頑張ってるからお前も頑張れ!」という、山川さんに対するエールだったように思えてならない。

さらに本間さんや山川さんといった、同世代のライバルたちが大日本を去って以降のWXさんは、ずっと孤独な闘いを続けてきた。そんな孤独な闘いを、何年も続けてきたことで培った独自の強さが、同世代のライバルに恵まれた、一世代下の自分たちを次々と撃破した原動力だったのではないだろうか。

そんなＷＸさんにこの年の最後に挑戦したのが、自分たちよりもさらに一世代下の宮本裕向だった。

新時代を呼ぶ華麗なムーンサルトプレス

11月21日の後楽園大会で行われた、３ＷＡＹタッグデスマッチで宮本が小林さんを下した。事実上の次期挑戦者決定戦として行われた、この一戦で勝利したことにより、12月19日の横浜文体で、宮本がＷＸさんのデスマッチ王座に挑むことが決定する。

この年は年頭からデスマッチ王座の挑戦者争いに絡み続けた宮本が、最後の最後で挑戦権を勝ち取ったのだ。

一方、宮本を迎え撃つ王者のＷＸさんは、試合形式として爆破マッチを提案。宮本も受け入れたことによって、両者のデスマッチ選手権は、爆破マッチで行われることが決定した。

爆破デスマッチと言えばＦＭＷ、そして大仁田厚さんだが、大日本でもこの試合以前に2度行われたことがあった。ただし、ＦＭＷのようにロープ代わりに張られた有刺鉄線に、爆弾を吊るす形式ではなく、爆弾を仕込んだ有刺鉄線ボードやガラスを、コーナーに設置する形式で行われている。

WXさんと宮本のデスマッチ選手権では、木枠に張り巡らせた有刺鉄線に、無数の小型爆弾を仕込む形式が採用される。ボードではなく木枠にしたのは、お客さんの視界を塞がないためで、これが2つのコーナーにセットされた。

最初に爆破の餌食となったのはWXさん。凄まじい爆発音とともに、目がくらむような火花が飛び散る。しかし数分後には、今度は宮本がパワーボムで叩きつけられて、爆音と火花に包まれる。

自分は爆破マッチをやったことがないが、経験者によれば爆発による衝撃と、熱によるダメージも凄まじいが、爆音によるショックで脳が痺れたような状態になり、しばらくは思うように体が動かせなくなるという。

ただ、爆破の餌食となったのは1回ずつでも、パワーボムで叩きつけられた宮本の方が、より大きなダメージを負っていた。チャンスと見たWXさんは葛西さん、小林さん、貴、そして自分を下した圧倒的な攻撃力で、宮本を攻め込む。

しかし、どんなに強烈な攻撃を食らっても、宮本は肩を上げ続け、自慢の機動力を駆使した攻撃で反撃に転じる。そんな若武者の奮闘を宮本コールが後押しする。

そして勝負に出た宮本が、発光蛍光灯を抱えてコーナーから宙を舞った。自分も同じ技を使うだけに、癪《しゃく》になるほど華麗なムーンサルトプレスだった。

これが決まり手となって宮本がデスマッチ選手権を奪取。念願のデスマッチ王者となった宮本は、この年に生まれたばかりだった娘の千嘉ちゃんをリング内で抱き上げる。何しろ蛍光灯の破片が散乱するリングだったので、思わず大丈夫か？　と思ったが、しっかりと千嘉ちゃんを抱きかかえる宮本の表情は、自信と決意に溢れていた。

自分たちの世代を次々と連破したＷＸさんを破ったのが、この時点でまだ26歳だった一世代下の宮本。この事実はデスマッチが新たな時代に突入したことを意味していた。

通常ルールでタッグ王者と互角の闘い

年が明けた２００９年、大日本は2月から「最侠タッグリーグ戦」を開催した。

全日本プロレスの最強タッグリーグをもじったこのリーグ戦は、所属選手の減少もあって、２００３年を最後に途絶えていたが、これが6年ぶりの開催だった。翌年は諸事情により見送られたが、２０１１年以降は毎年開催されており、大日本の名物リーグとして定着している。

ただ、当時の大日本は現在と比べると大会数が少なかった上に、他団体やフリーの選手も多く出場していたため、2月に開幕して決勝戦が5月という、3カ月以上にもわたる長期戦となった。

自分はこのリーグ戦に当時はユニオン所属だった、同じ岩手県出身の石川修司とのコンビでエントリーする。この頃の石川は現在よりは少し細かったものの、195センチの長身を誇る堂々のヘビー級。年頭からデスマッチ戦線に本格参入していた石川とは、優勝を狙ってのコンビ結成だった。

自分と石川のコンビが開幕戦で対戦したのは、当時のタッグ王者チームだった、大介とマンモス佐々木選手のコンビ。今で言うところのストロングのチームと、デスマッチのチームの対戦である。

現在の最侠タッグはデスマッチとストロングの、2ブロックに分けてリーグ戦を行い、各ブロックの上位チームが、決勝トーナメントに進出する形が定着している。

しかし、この年はデスマッチのチームとストロングのチームが、同じブロックに混在していた。

では、このようなデスマッチ対ストロングの試合の場合、どのようにしてルールを決めていたのか？

なんと両チームが話し合って決めたのだ。基本的にはデスマッチのチームが、通常ルールで闘うか否かの話し合いになるのだが、当然のように折り合わない場合もある。そういう場合はデスマッチと通常ルールの間を取って、ハードコアルールで試合が行われた。

しかしこの試合に関しては、自分たちが通常ルールを飲んだ。滅多にない機会なので、大介やマンモス選手と通常ルールで思う存分に闘ってみたかったのだ。

結果は30分時間切れの引き分け。望み通りに思う存分闘うことができた。というか、自分が望んでいた以上に闘うこととなってしまった。

30分の試合時間の間、最も長くリング内にいたのは自分だった。この頃には体重も90キロ台半ばとなり、デスマッチ戦線では大型になっていた自分だが、この試合に関しては周りがスーパーヘビー級ばかり。要するに自分が大介とマンモス選手に捕まり、延々と攻められる展開が続いたのだ。

それでもチームキャリアの浅い石川とのコンビで、ヘビー級の現タッグ王者チームと30分闘い抜くことができたのは、大きな自信となった。これからリーグ戦を重ねていけば、コンビネーションもどんどん磨かれていくはず。

引き分けという結果は満点ではないが、それでもまだ初戦を終えたばかり。自分と石川は優勝を目指して、気合いを入れ直したのだが……。

決勝進出を決めるも不本意な結末に

リーグ戦を2勝1敗1分けで終えた自分と石川のチームは、ブロック2位で決勝トーナメントに勝ち上がり、4月28日の後楽園大会で行われた準決勝で、竹田誠志&木高イサミ組を下して決勝戦進出を決めた。

もう一つの準決勝では宮本と貴のコンビが、大介と田中将斗さんのコンビを下して決勝に進出。大介のパートナーが田中さんだったのは、マンモス選手がリーグ戦中に負傷してしまったため、途中からパートナーを交代したためだった。

あの時の急な要請を快く受けてくれた、田中さんとZERO1－MAXには、今でも本当に感謝している。

決勝戦が行われるのは5月28日の後楽園大会。相手が宮本&貴組だったこともあって、当然のようにルールはデスマッチ。ここで宮本から直接フォールを奪って優勝すれば、その場で挑戦を要求するつもりだった。おそらく石川も同じ思いを抱いていたはずだ。

ところが我々のチームは決勝戦のリングに上がることができなかった。

5月9日の四日市大会のメインで行われた蛍光灯デスマッチで、蛍光灯を吊るしたロープに飛ばされた際に、跳ね返った蛍光灯の破片が自分の背中を大きく切り裂き、全身麻酔を施す手術が必要なほどの重傷を負ってしまったのだ。

それでも自分は出場を希望したが、当然のように却下されてしまう。結果、自分は6月末までの欠場となり、自分と石川のチームは決勝戦を棄権することに。石川には本当に申し訳ないことをしてしまった。

その結果、準決勝で自分たちに敗れた竹田&イサミ組が、マンモス選手の欠場による返上で空位となったタッグ王者決定戦も兼ねた決勝戦に、敗者復活の形で進出することとなる。

ちなみにリーグ戦公式戦では、宮本&貴組に勝利していた竹田&イサミ組だったが、それでも彼らの優勝を予想していたのは、圧倒的な少数派だったと思う。

この前年からデスマッチ戦線に参戦していた竹田は、プロレスラーになる前には総合格闘技で活躍した実績はあったが、この時点でデビューから2年半足らずの若手。イサミも頸椎のヘルニアによる長期欠場から復帰して、1年が過ぎたばかりだった頃で、当時の体重は70キロ前後しかなかったからだ。

ところが彼らはそんな予想を見事に覆す。宮本と貴の猛攻に苦戦を強いられながら、30分を闘い抜いて時間切れの引き分けに。時間無制限で行われた延長戦で、竹田が宮本をドラゴン・スープレックスで仕留めて優勝。さらにタッグ王座まで勝ち取ったのだ。

リーグ戦でも竹田からフォールを奪われていた宮本は、即座に7月12日の横浜文体で行われる、初防衛戦の相手に竹田を指名した。こうして王者の宮本が27歳、挑戦者の竹田が23歳という、デスマッチ選手権史上最も若い世代同士によるタイトルマッチが決定する。

この時点ではまだ欠場中だった自分は、自分の負傷欠場の引き金にもなった竹田の急台頭を、悔しい思いで目の当たりにしながら、胸の中である決意を固めつつあった。

「もうお互いに時間はねえんだ」

6月29日の後楽園大会で復帰は果たしたものの、この年の自分はパッとしない状況が続いた。7月12日の横浜文体大会で、熱戦の末に竹田を下して初防衛に成功した宮本への挑戦の意欲はあるのだが、肝心な試合で結果を出すことができず、挑戦の名乗りを上げることさえできない状態が続いていたのだ。

そんな状況のまま気が付けば季節は秋となり、10月26日の後楽園大会で伊東&貴組、宮本&イサミ組、葛西&沼澤組による3WAYタッグデスマッチが行われた。12月7日の横浜文体まで1カ月半足らず。事実上の次期挑戦者決定戦だった。

この試合で沼澤を下した貴が宮本に挑戦を要求。これに応えようとする宮本のマイクを奪った葛西さんが、自分に対して唐突にこう提案してきたのだ。

「おい、伊東！　もうお互いに時間はねえんだ。次の後楽園でお前とやってやる。どうだ！」

唐突な要求ではあったが自分も即座に応じて、11月20日の後楽園大会での葛西さんとの一騎打ちが決定した。

この時点で葛西さんが大日本に参戦するようになって、4年近くの月日が過ぎていた。にもかかわらず、自分と葛西さんの一騎打ちは、ここまで一度も実現していなかった。

最大の理由は自分のデスマッチ王座に、葛西さんが挑戦するというシチュエーションに、お互いが必要以上にこだわってしまったからだ。

もちろん自分が王者だった時に、次の挑戦者は葛西さんと決めていたことは何度もあった。ところがその度にどちらかが怪我や病気で欠場してしまい、一騎打ちの機会は先延ばしを繰り返し、気が付けば4年近くが過ぎていた。

このままだと葛西さんとのシングルは、実現しないまま終わってしまうのではないか？

とりわけこの年に背中の負傷で欠場してからは、そんな不安が強くなっていた。引退など頭の隅にも考えていなかったが、偶然が重なった結果のあの怪我は、現役生活が唐突に終わってしまう可能性があることを、自分に教えてくれたからだ。

一方、「もう時間はねえんだ」という葛西さんの言葉が、遠くない将来の引退を示唆していることは明らかだった。

大日本退団前に負った葛西さんの膝の負傷が、年々悪化していることもまた明らかだった。一度壊れてしまった膝は、たとえ手術をしたとしても、プロレスを続けている限り完治はあり得ない。

それでも相変わらずクレイジーな葛西純に見えていたのは、相当な無理を重ね続けていたからだ。この頃の葛西さんは、そんな無理が限界に達しつつあったのだろう。

自分が考える葛西純を見せることができなくなる前に、葛西さんは自らの意志でプロレス人生の幕を降ろそうとしている。それも遠くない将来にだ。

その前に心残りがないように、ずっと実現していなかった、自分との一騎打ちを要求してきたのだとしたら……。

冗談じゃねえ！　と思った。

自分も待ち望んできた大切な試合を、正式に表明さえしていない、アンタの引退の記念品にされてたまるか！

そもそも葛西さんが所属していた団体を辞めてまで大日本に、そしてデスマッチに戻ってきたのは、自分からの呼びかけが最大の理由だったはずだ。つまり、自分は葛西純の人生を一度変えていたのだ。

だったらもう一度変えてやる！

デスマッチなしのアンタの人生などあり得ないことを、この俺が思い知らせてやる!!

ノンタイトルで何もかかっていなかったが、対戦相手の人生を変えてやるつもりで臨んだ試合は、あの時の葛西純戦が初めてだった。そして、これから何十年プロレスを続けたとしても、あの試合が最後だろう。

自分にとってあの時の伊東竜二対葛西純は、そういう闘いだったのだ。

避けて勝ってもそんな勝利に意味はない

11月20日の後楽園ホール大会は平日の金曜日開催。しかも自分と葛西さんの一騎打ちが決定してから、1カ月足らずだったにもかかわらず、当日券も完売の超満員札止めとなった。

何年も待たせた挙句に、唐突に実現することとなったこのカードを、こんなにも多くの人たちが待ち望んでいてくれたのだ。

先に入場した葛西さんを、過去最大級の葛西コールが出迎える。後から入場した自分にも、負けないくらいの伊東コールが起きる。

試合前の時点で会場があれほど過熱していたのは初めての経験だった。これは自分と葛西さんの試合に対する期待だけでなく、セミファイナルまでの全ての試合が、徐々に会場の温度を上昇させてくれたからだろう。

リング内に設置されたアイテムは、コーナーにセットされた一枚のカミソリ十字架ボードのみ。今でこそ他の選手も使用するようになったアイテムだが、当時は葛西さんが沼澤戦で初使用し、そしてMASADA戦でもう一度使用したのみ。自分にとっては初経験のアイテムだった。

前半戦はこのカミソリ十字架ボードをめぐる攻防となった。先に餌食になったのは自分。背中から勢いを付けて激突したが、幸いにして大きな傷は負わなかった。

それでも先手を取られたという精神的なダメージは大きかった。もしもあれが一発で戦闘不能、もしくは死に直結するアイテムならば、その時点で試合は終わっていたからだ。

自分はそういう気持ちでこの試合に臨んでいた。おそらく葛西さんも同じだったはずだ。

しかし気持ちを立て直して反撃に転じ、マットの上に置かれたボードに、葛西さんの額を何度も打ち付けた。カミソリで切れた葛西さんの額から血が噴き出す。

それでも嬉しそうな顔をして向かってくる。

葛西さんの反撃を受けながら改めて思った。この人の人生に何の責任も取ることはできないが、それでも辞めさせてはならないと。

そして、この試合における一つのクライマックスが訪れる。

場外のフロアの上に置かれた机の上に、自分をガムテープで拘束した葛西さんが、足早に客席の階段を登っていった。

次に来る攻撃は予想がついた。

葛西さんは、高さ5メートル以上はあるバルコニー席の手すりから、自分に向かってダイブするつもりだ。

命中すれば自分はただでは済まないだろう。そのまま戦闘不能になってしまうかもしれない。葛西さんがバルコニーに着くまでに、暴れて机を倒してしまえば、不発に終わらせることもできた。

しかし、無事では済まない可能性があったのは、葛西さんの方も同じだった。むしろ膝に爆弾を抱えている分、ダイブの結果として戦闘不能になる可能性は、むしろ葛西さんの方が高かった。

つまり葛西さんは自分のプロレス人生が終わることさえ覚悟して、この無茶苦茶なダイブを敢行しようとしているのだ。

ならば避けるという選択肢はなかった。仮にこの攻撃を回避した結果、勝つことができたとしても、自分にとってそんな勝利は意味のないものだ。あの試合で争っていたのは、単なる勝ち負けの結果ではなかった。

バルコニーに姿を現した葛西さんは、自分を見下ろしながらニヤリと笑うと、何の躊躇もなく5メートル下の自分めがけて跳躍した。

最高に楽しく、その1000倍悔しい試合

加速しながら落下してきた葛西さんの体は、机ごと自分の体をくの字にへし折った。後にも先にもプロレス人生で最大級の衝撃は、内臓どころか骨まで貫いた。

悶絶しながらも葛西さんの方を見ると、やはり無事では済まなかったようで、すぐには立ち上がることができない。しかし入場時よりもさらに大音量の、葛西コールを受けて立ち上がる。

どうやら膝は大丈夫だったようだと安心したが、先に立ち上がられたことが悔しくて

仕方なかった。やっぱり葛西純は凄い！

リングに戻った葛西さんは、一気に自分を攻め込んでくる。負けてたまるかと自分もやり返す。

最高だ！　なんで、この人との試合をこんなに先延ばしにしてしまったのだろう。

残り試合時間5分というコールの後に、一気に攻め込んできた葛西さんが、ここまでの攻防で破壊された十字架ボードの破片を、ダウンした自分の上にセット。コーナーに登ると「シュワッチ！」の掛け声でゴーグルを着用し、「シェー！」の大合唱とともに敬礼を決めると、自分めがけて跳躍した。

パールハーバー・スプラッシュ！

幾多の強敵を倒してきた葛西さんの必殺技。

おそらくはトドメを狙った一発だった。しかし、自分はこの時を待ち構えていた。

葛西さんの足がコーナーマットを離れた瞬間、素早く体の上でボードを反転させる。

自分に向かっていたカミソリの刃は、逆に落下してくる葛西さんに向けられた。

ゴーグル越しの葛西さんが、「やられた！」という表情を見せたのがわかった。

かわしたワケではないので、当然のように自分にもダメージはあったが、カミソリの上に落下した葛西さんのダメージはより大きい。

この時点で残り時間は3分。休んでいる暇などない。

この試合の隠し玉、葛西さんの得意技であるリバース・タイガードライバーで叩きつける。いわゆる掟破りだ。

しかし葛西さんは意地で返す。

ならばと用意していた蛍光灯籠を取り出す。しかし残り時間が少なかったので、体の上にセットしただけでドラゴンスプラッシュ！

これも返された。非道選手に使った時のように、体に巻き付けて使っていればと、ほんの一瞬後悔したスキを、立ち上がってきた葛西さんは見逃さなかった。

ラリアット、垂直落下式ブレーンバスター。ダメージも蓄積し疲れ切っているはずなのに、信じられないようなラッシュをかけてくる。そして自分が持ち込んだ有刺鉄線サボテンめがけて、お手本を見せてやる！　と言わんばかりのリバース・タイガードライバー。

ダメージもさることながら、気迫で押さえ込まれて、どうしても肩が上がらなかった。

試合時間は29分45秒。残り試合時間はわずか15秒。最高に楽しい試合ではあったが、その1000倍悔しい敗北でもあった。

だが、自分にとってのもう一つの勝負は、まだ終わってはいなかった。マイクで引退の真意を問いただす。これはお客さんの前で、葛西さん自身が答えるべきだったからだ。

すると葛西さんは年内引退を考えていたことを明かした上で、こう宣言した。

「両膝ぶっ壊れるまでやってやるよ。ビコーズ、なぜなら、お前らみたいなキチ●イがいるからだ！」

試合には負けてしまったが、自分は再び葛西さんの人生を変えてやった。

この時の映像を見ると、葛西さんの現役続行宣言を聞いていた自分は、恥ずかしくなってしまうくらいに嬉しそうに笑っていた。

自分たちだけが評価されていいのか？

自分と葛西さんの試合は、この年の東京スポーツ社制定プロレス大賞で、ベストバウト賞を受賞した。デスマッチがベストバウトを受賞したのは、史上初の電流爆破デスマッチである、90年の大仁田厚対ターザン後藤戦以来だった。

そんなこともあって、今でも「伊東さんのベストバウトは葛西さんとの試合ですよね」と聞かれることがある。その時の気分次第では「まあ、そうですぇ」と答える時もあるが、あの試合を自分のベストバウトと言い切ることには、少なからぬ抵抗がある。

もちろん自分にとって生涯忘れられない一戦であることは間違いない。ただ、実際に闘った自分からすれば、勝ち負けの結果を抜きにしても、内容的な反省点もあった。

さらに、あの試合に関しては自分と葛西さんだけが、評価されてしまっていいのか？という思いも強かった。

あの日の会場の空気は、自分たちの試合が始まる前の段階で、かつて経験したことがないくらいに出来上がっていた。それは単に自分と葛西さんの試合に対する期待感だけでなく、第1試合からセミファイナルまでの試合が、徐々に会場の温度を上げてくれたからこそだ。

さんざん待たせた挙句に、唐突に実現した試合にもかかわらず、平日の後楽園ホールを埋め尽くして、熱い声援を送ってくれたお客さんたちの力も大きい。

もっと言えば、大日本とデスマッチを守り続けてくれた先輩たちがいたからこそ、あの日の自分と葛西さんは、思う存分に闘う機会を得ることができた。

だからベストバウト賞という評価は、あの大会に出場した全選手、会場に来てくれたお客さんたち、さらには過去に大日本プロレスに関わってくれた、全ての選手や関係者に対するものなのだ。

試合をして表彰されたのは自分と葛西さんだが、決して2人だけの受賞ではなかった。これは自分だけでなく、きっと葛西さんも同じような思いを抱いていると思う。

俺が真のデスマッチ王者になってやるよ

プロレス大賞ベストバウト賞という栄誉は受けたが、2009年の自分はデスマッチヘビーのベルトを、一度も巻くことができなかった。これは2003年に初めてデスマッチ王者になって以来、初めてのことだった。

一方、WXさんを下してデスマッチ王者となった宮本は、7月に竹田、9月に小林さん、12月の横浜文体では貴を下し、2010年の年が明けた3月には、イサミを撃破して4度の防衛を重ね、王者在位期間は1年半に及ぼうとしていた。

王者になった当初の宮本は、史上最弱のデスマッチ王者と自称していたが、もはや誰も文句の付けようがない、堂々たるチャンピオンになっていた。

そんな宮本がイサミとの防衛戦の試合後、5月5日の横浜文体で行われる、次の防衛戦の第一希望として自分の名前を出した。「デスマッチ王者で一番強かったのは伊東竜二だから」と言ったらしい。

過去形なのが少し気に入らないが、嬉しいことを言ってくれる。怪我や葛西さんとの試合で挑戦のタイミングを逃していたが、宮本にはそろそろ挑戦を要求するつもりだったので、自分としては渡りに船だった。

ただ、宮本を王者として認めているからこそ、今回のタイトルマッチは逆指名ではなく、自分から挑戦を要求する形で決めたかった。

4月1日の新木場大会で行われた、蛍光灯タッグデスマッチで対戦した試合後、自分は宮本に横浜文体での挑戦を要求。すると宮本は「デスマッチの象徴を倒して、俺が真のデスマッチ王者になってやるよ！」と受けて立った。

過去に行われた宮本とのシングル戦は自分の全勝。だからこそ宮本は自分を倒さなければ、自分自身を本当の意味で王者として、認めることができなかったのだろう。

しかし王者になってからの宮本は、ベルトを守り続けた1年半の間で、別人のように強くなっていた。ましてや宮本と最後にシングルで対戦したのは3年前。自分の全勝という過去の戦績など、何の参考にもならないことは明らかだった。

5月5日の横浜文体で行われる、デスマッチ選手権の試合形式は、まず宮本が自身にとって初となる、金網デスマッチを提案してきた。

金網は金村選手からベルトを奪った、自分にとっても思い入れの深い試合形式だ。しかも自分も宮本も得意とする、高さを活かした攻撃を存分に競い合うことができる。拒否する理由などなかった。

ならば自分はそれに蛍光灯２００本も加えることを要求。これを宮本も飲んで、試合形式は金網蛍光灯２００本デスマッチとなった。

各地で前哨戦を闘った自分と宮本は、ついに5月5日の横浜文体大会の日を迎えた。気が付けばＷＸさんに負けてベルトを失ってから、２年もの月日が過ぎていた。

15周年は過去の清算と未来への一歩

現在では毎年恒例となっている、５月５日の大日本横浜文体大会だが、そのスタートとなったのがこの２０１０年の大会だった。

大日本の設立15周年記念として開催されたこの大会には、多くのＯＢ選手や久々の来日となる外国人選手が参戦してくれた。

ＯＢの中には大日本と後味の悪い別れ方をして、その後は疎遠になっていた選手もいた。しかし現役を続けていたＯＢには、可能な限り出場をお願いし、第5試合で特別レフェリーを務めてくれた中牧昭二さんをはじめとする、大半の方が快諾してくれた。

久しぶりに顔を合わせた先輩たちに、現在の大日本を体感して頂けたのは、自分にとっても嬉しいことだったし、大日本が団体として一歩前に進めたような気がした。

さらに、この大会のダブルメイン第1試合のタッグマッチには、大日本初参戦となる天龍源一郎さんにも出場して頂いた。大介&義人組と対戦した天龍さんのパートナーは岡林裕二。

この時点で岡林はまだデビュー2年足らずだったが、前年に大介とのコンビでタッグ王座を奪取。自衛隊体育学校で鍛えた自慢のパワーを武器に、大介と義人の牙城《がじょう》を脅かしつつあり、天龍さんのパートナーという大役も、迷うことなく任せることができた。

小学生の時にテレビで観ていた天龍さんが、大日本に参戦して自分の前に試合をする。それはまるで夢のような出来事だった。

しかし、天龍さんの参戦に誰よりも深い感慨を抱いていたのは、間違いなく登坂部長だったはずだ。登坂部長のプロレス人生は、天龍さんが率いていたSWSで始まった。そんな登坂部長にとって天龍さんは特別な存在であり、いつか大日本に参戦してもらうことは、大きな目標であり夢でもあったのだ。

登坂部長の目標と夢が実現した天龍さんの初参戦。OBたちの参戦による過去の清算。今から思えばあの大会は、大日本が団体として過去を振り返りつつ、次のステップに向かって一歩を踏み出した、大きな区切りだったような気がする。

そんな大会の大トリを任された自分と宮本の使命は、久しぶりに大日本に参戦してくれた先輩たちや天龍さん、そして何よりも会場に来てくれたお客さんに、最高のデスマッチを見せることだった。

そして必ず宮本に勝って、チャンピオンとしてこの記念大会を締めくくる！

入場テーマ曲が鳴って、自分は約2年半ぶりとなる、横浜文体のメインのリングに向かった。

普段よりも高く。4メートルのジャンプ

自分はドラゴンスプラッシュ。

宮本はムーンサルト・プレス。

ともに高さを利用した必殺技を持つ、自分と宮本が金網デスマッチで対戦するとなれば、試合のポイントは明らかだった。

どちらが先に金網のてっぺんから飛ぶことができるか？

かといって安易に金網に登ると、相手の反撃を受けた場合には、転落して命取りになってしまいかねない。また、飛ぶ前の攻撃が不十分だと、コーナーよりも登るのに時間がかかるだけに、かわされてしまう可能性も高くなる。もちろん金網から飛んでの自爆

は、負けに直結する大ダメージを負うことになる。

先に金網に登ったのは宮本。まだ試合開始から5分も過ぎていなかった。やはり金網は初体験の宮本は、この試合形式ならではの闘い方を知らない。

すぐに後を追って金網の頂上で殴り合いになるが、宮本のバランス感覚は予想していた以上で、打ち負けて自分の方が転落してしまった。宮本は間髪入れず金網の最上段から、フライング・ボディアタックを放つ。

返すことはできたが、金網から飛ぶのは先を越されてしまった。やはり安易に金網に登るのは、この試合では命取りになってしまう。ここからはお互いに金網からの攻撃を狙うことなく、リング内での攻防が続いた。

試合開始から15分が過ぎたあたりで、宮本の方が勝負に出た。師匠であるミスター雁之助選手から受け継いだ、ファイアーサンダーで自分を脳天から蛍光灯に突き刺す。

必死に返したが動けなくなった自分を確認すると、宮本は蛍光灯を抱えて素早く金網の最上段へ。そして、ゆっくりと空中で反転した宮本が、蛍光灯を抱えたまま落下してきた。

粉砕された蛍光灯の破片が刺さる痛みを伴う、凄まじい衝撃が襲ってきた。ただ、普段よりはるかに高い場所から飛んだため、このムーンサルトは回転がかかりすぎて、宮本の下半身が先に落下した。

つまり本来の威力が発揮できなかったのだ。だからどうにか肩を上げることができたし、技を出した宮本の方も大きなダメージを負うこととなった。

それでも宮本はニールキックで追撃してくるが、いつもより切れが悪くフォームも崩れており、自分もニールキックを繰り出して迎撃。相打ちだったがダメージは宮本の方が大きい。

ここが勝負とドラゴン・スープレックスを連打したが、今度は宮本が執念で肩を上げる。しかし2発目の返し方で、もはや宮本の体に反撃の力が残っていないのがわかった。

最後の勝負に出るべく金網の最上段に登った。蛍光灯はセットしなかった。何しろ今から飛ぼうとしているのは、高さ3メートル以上の金網。蛍光灯があろうがなかろうが、当たれば自分が勝つし、かわされれば負けるだろう。

普段よりも高く飛ぶことを意識して、金網の上からジャンプ。たぶん落差は4メートル近くあったはずだ。

宮本はかわすことができず命中。落差4メートルの衝撃で、半ば遠のいた意識の中で、レフェリーが3度マットを叩いたのがわかった。

勝った！

約2年ぶりの王者返り咲き。久しぶりに取り返したデスマッチ王座のベルトは、初めて王者になった時に施した有刺鉄線のデコレーションがなくなっていた。自分からベルトを奪ったWXさんが外してしまったのだ。

まずは久しぶりに取り返したベルトに、再び有刺鉄線のデコレーションを施して、デスマッチ最強の証にふさわしい姿に戻さねば。

それが2年ぶりに返り咲いた自分の、王者として最初の仕事だった。

悔やんでも悔やみきれぬミス

自分が王座から離れていた2年間で、デスマッチ戦線の状況は大きく変化していた。若い選手たちが力をつけたことで、デスマッチ王座の挑戦者候補が、以前よりも大幅に増加していたのだ。

王者に返り咲いた翌月、6月27日の後楽園大会では、そんな新たな力の急台頭を、身を持って知らされることとなる。メインで対戦した竹田誠志に、蛍光灯へのドラゴン・スープレックスで敗れてしまったのだ。

ちなみに竹田は前の月の後楽園大会のメインでは、小林さんの巨体に見事なジャーマンを決めて勝利を奪っていた。

こうなれば挑戦を受けない理由はない。その場で7月30日の後楽園大会で、竹田の挑戦を受けて立つことを宣言した。

当時24歳だった竹田は、中学生時代からデスマッチのファンで、大日本のファンイベントにも参加していた。

その頃からデスマッチファイターを志していた竹田は、高校ではレスリング部に入部して国体にも出場（一回戦負け）。卒業後には田村潔司さんが主宰する、U－FILE CAMPに入門するが、これもプロレスラーになるための修行だった。

ところが総合格闘技でも才能を発揮して、DEEPやZSTでプロ格闘家として活躍。結果、本人が望んでいたよりも、プロレスラーとしてのデビューは遅れたが、とりわけデスマッチ戦線に参入してからは、この前年の最侠タッグリーグ優勝とタッグ王座奪取をはじめ、めざましいばかりの急台頭を見せていた。

そんな竹田を迎え撃ったデスマッチ選手権は、ガラス&蛍光灯＋αデスマッチで行われた。これは自分が提案した試合形式。竹田がより危険で過激な闘いを求めていることを知っていたからだ。

しかし、竹田はこの試合の前半戦の段階で、悔やんでも悔やみきれぬミスを犯してしまう。

気合いを入れるべく自ら脳天で蛍光灯を割った際に、左のまぶたをザックリと切ってしまったのだ。

幸い眼球にはダメージはなかったので試合は続行されたが、あとコンマ数ミリ傷が深ければ、竹田は左目の視力を失っていた可能性さえあった。

それでもまったくひるむことなく立ち向かってきて、何度となく自分を追い込んだ竹田だったが、切れたまぶたから流れ落ちる、おびただしい血が左目の視界を奪い、ここ一番で攻め切ることができない。一方の目の視力を失うと距離感が狂い、とりわけ打撃の威力が落ちてしまうのだ。

それでも20分以上闘い抜いた竹田を、最後は蛍光灯束をセットしてのドラゴンスプラッシュで仕留めて初防衛に成功した。

ただ、もしもまぶたの負傷がなければ、もっと苦戦を強いられていたはずだし、場合によってはベルトを奪われていたかもしれない。すでに竹田はデスマッチのトップファイターになっていた。

そして、10月の後楽園大会で行われた2度目の防衛戦でも、自分は下の世代から現れた、とんでもない挑戦者に大苦戦を強いられることとなる。あれは本当にとんでもない挑戦者だった。

凄まじい怪物をボクシング技で倒す

10月27日の後楽園大会で行われた2度目の防衛戦は、前の月の後楽園大会で、小林さんとの挑戦者決定戦を制した、石川修司を迎え撃つこととなった。

前年の最侠タッグリーグ以降は、しばらくデスマッチから離れた石川は、11月に飯伏幸太を下してＤＤＴの頂点である、ＫＯ－Ｄ無差別級王座を奪取していた。

ベルトはこの年の2月に大介に奪われたが、今度はデスマッチ王座に狙いを定めていたのだ。

金村さんやＷＸさんのような、ヘビー級の選手との対戦経験もあったが、石川は彼らを上回るスーパーヘビー級。自分にとっても未知の領域の対戦相手だった。

そんな石川とのデスマッチ選手権は、蛍光灯&ガラスボード&画鋲４万９２０５個デスマッチで行われた。

当初は３万個を目標にして、ファンの皆さんに画鋲の提供を呼びかけたのだが、当日までにそれを２万個近く越える数が集まったのだ。

このようなファン参加型の企画を行う度に痛感するが、大日本プロレスは本当に素晴らしいファンに恵まれた団体である。

さて試合は予想通り……、いや予想を上回る大苦戦を強いられることとなる。蛍光灯やガラスボードに叩きつけるにせよ、画鋲が散乱するマットに投げるにせよ、スーパーヘビー級の石川の肉体は、持ち上げることはもちろん、ロープやコーナーに振ることさえ容易ではなかった。

逆に石川の方は自分の体を、まるでオモチャのように軽々と放り投げ、その度にマットに散乱する画鋲が背中に突き刺さっていく。何度となくダメージで意識が遠のいたが、それでも肩だけは必死で上げ続けた。

勝負に出た石川はガラスボードへのスプラッシュ・マウンテン！

レスラー人生最大級の衝撃に目がかすんだが、それでもどうにか肩は上がってくれた。

ここでようやく石川に攻め疲れが見えた。立ち上がって打撃の応酬となるが、張り手にも数分前までの威力がない。チャンスと見てずっと封印してきた奥の手を出した。

右フック。

高校時代のボクシング部でマスターしたこのパンチは、通常のプロレスルールでは反則だが、デスマッチでは許される。ただ、あまりに強力で危険な攻撃手段なので、デビューしてからこの試合まで、一度も使ったことがなかった。しかし、ついに封印を解く時が来たのだ。

さすがの石川も一発で昏倒《こんとう》する。すぐに押さえ込んだがカウント3は奪えない。

一気に勝負に出た自分はリング下に隠していた、特大サイズの蛍光灯の束をリング内に。しかし、リングに戻ると石川はすでに立ち上がっており、再び張り手で反撃してきた。

本当に凄まじい怪物だ。ならばこちらも一切の遠慮は無用だろう。石川の張り手をかわすと、今度は左右の連打でフックを命中させる。高校時代のボクシング経験が、プロレスで初めて役に立ったのがこの試合だった。

再び倒れた石川に巨大蛍光灯束をセットすると、最後の力を振り絞ってのドラゴンスプラッシュ！

これで返されたら勝ち目はなかったが、石川の肩は上がることなく、レフェリーの手がマットを3度叩いた。

「しんどかった！」

試合後のマイクで開口一番に叫んだが、それは一切の偽りも強がりもない、この試合に対する率直な感想だった。

〝一騎当千〟挑戦者殺到でリーグ戦開始

12月19日の横浜文体で行われた、小林さんとの蛍光灯450本デスマッチも制した自分は、3度目の防衛に成功するとともに、久しぶりに王者として年を越して、2011年を迎えることとなった。

1月2日の後楽園大会、メインの6人タッグでは、自分が竹田からカウント3を奪って勝利。幸先のいい1年のスタートに、機嫌よくお客さんに新年の挨拶をしていたら、まずは貴が挑戦をアピールしてきた。

これで次の挑戦者は貴かと思っていたら、続いて宮本、小林さん、イサミも挑戦に名乗りを上げる。

王者としては非常に嬉しい事態だが、自分の体は一つしかないので、「だったらお前らで決めろ」と返答。

いつものように挑戦希望者によるタッグマッチをやって、勝ったヤツが挑戦してこいという意味だったのだが、さらに星野勘九郎も手を挙げて、「おいおい、面白そうなことになってきたじゃねえか」と、葛西さんと沼澤まで出てきた。

この時点で次期挑戦者候補は7人、6人タッグでもまだ余ると思っていたら、バックステージでWXさんまで名乗りを上げて8人に。もはや1試合で決める人数ではなくなってしまった。

この挑戦者万来の盛況を見た登坂部長は、さらに外国人選手2名を加えた、5名ずつの2ブロックによる、デスマッチのリーグ戦開催を決意する。

こうして自分への挑戦権を賭けた、シングルの総当たりリーグ戦、その名も〝一騎当千~DEATHMATCH SURVIVOR〟が、2月6日の大阪大会から開催されることに。

開幕戦の大阪大会では、いきなり小林さんが葛西さんを撃破。続く後楽園大会では、総合格闘技殺法を解禁した竹田が、腕ひしぎ十字固めで小林さんからギブアップを奪取してみせた。

一騎当千に出場した誰もが、並々ならぬ気合でリーグ戦に臨んでいることは、この序盤2大会の試合だけでも、ひしひしと伝わってきた。

遅れてアメリカから参戦してくる、ドレイク・ヤンガーとダニー・ハボックも、相当な実力者という噂だった。

こんなメンバーの中から勝ち上がってくる選手は、とんでもない勢いで自分に挑んでくることは間違いない。

リーグ戦に参加していないからといって、のんべんだらりと過ごしていては、5月5日の横浜文体で予定されている、一騎当千優勝者との防衛戦は、苦戦を強いられるどころかベルトを失ってしまいかねない。

海外や他団体選手の参戦スケジュールの関係で、リーグ戦は3月21日の後楽園大会以降に集中していた。その後楽園大会の10日前、日本を未曽有《みぞう》の大災害が襲う。

２０１１年3月11日に発生した、東日本大震災である。

東北を背負って闘うことを宣言した貴

大規模な津波も発生した東日本大震災は、とりわけ東北地方太平洋岸に甚大な被害を与え、多くの犠牲者を出した。

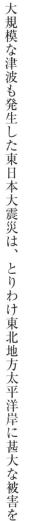

この震災による福島原発の事故は、予断を許さない状況が続いていたし、比較的被害が少なかった首都圏でも計画停電が始まり、震災からしばらくの間はミネラルウォーターをはじめ、入手が困難になった物資も多かった。

プロレス界でもいくつかの大会が中止となり、3月21日の大会が予定されていた後楽園ホールも、施設の安全点検のため休館になった。大会の数日前に安全点検が終了して、後楽園大会は予定通り開催できたものの、しばらくの間は余震も頻繁に起きて、誰もが不安な状況がしばらく続いた。

電気が使える。

必要としているものを買うことができる。

大事な人に電話で連絡をすることができる。

今まで当たり前だったことが、当たり前ではなくなる恐怖や不安を感じたのは、生まれて初めての経験だった。そんな自分の当たり前の中には、プロレスが今まで通りにできることも含まれた。

もちろん被災地の惨状には胸が痛んだし、義援金や支援物資を募るくらいしかできない、自分の無力さが歯がゆかった。

ただ、大きな被害が出た岩手県出身ではあったが、東北を背負うような発言は控えた。出身地の滝沢村が内陸で、震災の被害が比較的小さかったこともあったし、背負うにはあまりに被害が甚大だったからだ。

もちろん自分の試合を観て、勇気や希望を抱いてくれる人がいるなら、プロレスラーとしてこれほど嬉しいことはない。

そのために日々の試合を今までと同じように全力で闘い、チャリティー大会への参戦をはじめ、今の自分ができる限りの被災地支援は続けていく。

ただ東北への想いとリング上の闘いは、切り離して考えるべきもの。

それがあの時の自分のスタンスだった。

しかし同じ岩手県出身の貴は違った。貴の出身地である一関市も、内陸だったので比較的被害は少なかったが、それでも彼は東北を背負って闘うことを宣言した。

自分とは異なるスタンスではあったが、熱血漢の貴らしい選択だったし、そんな彼に勇気を与えられた被災者の方もいただろう。そして東北を背負う決意は、貴自身にも大きな力を与えることとなった。

当時の貴はデスマッチ王座からは4年近く離れていたが、このリーグ戦では同ブロックのWXさん、沼澤、イサミ、星野に全勝。決勝では別ブロックから勝ち上がってきた竹田を破って、無敗の全勝で一騎当千に優勝する。

絶対王者と呼ばれた時代に劣らない、圧倒的な勢いと強さで、貴は自分への挑戦権を勝ち取ったのだ。

こうして5月5日の横浜文体で行われるデスマッチ選手権は、約4年ぶりとなる伊東竜二対佐々木貴のデスマッチ竜虎対決となった。

過酷な闘いを勝ち続けて得るもの失うもの

プロレスの勝敗は様々な要素によって決まる。もちろん一番重要なのは実力であることは言うまでもないが、その時点での勢いの優劣も大きい。

自分と貴の実力は互角。ブロック&蛍光灯オブジェ＋αデスマッチという試合形式も、どちらか一方が有利になる試合形式ではない。

しかし、こと勢いに関しては一騎当千を全勝で制した、貴の方が上回っていることは明らかだった。

実際、この試合の貴の気迫は凄まじく、中盤戦あたりまでは劣勢が続いた。もちろん自分も負けずに反撃するが、攻めても攻めても貴は肩を上げる。

しかし15分を過ぎたあたりから、そんな貴の勢いが徐々に減速してきたのを感じた。気迫はむしろ上昇しているのだが、体が気持ちに追いつかなくなってきたのだ。

貴の勢いはデスマッチのシングルが続く、一騎当千の過酷な闘いを勝ち抜くことで生まれたものだ。

しかし、それと同時に一騎当千は貴の肉体の奥深くに、本人も気づかない疲労を蓄積

させていたようだ。

一騎当千の決勝戦が行われたのは4月18日。

このタイトルマッチまでに半月余りの間隔があったが、決勝の竹田戦がタイトルマッチ級の激戦だっただけに、一騎当千から蓄積した疲労が、回復しきっていなかったのかもしれない。

チャンスと見て一気に攻め込むが、貴はその度に肩を上げて立ち上がってくる。しかし、フォールを返す力は確実に弱まっていた。

ここが勝負と新兵器のブロック型蛍光灯束をセットしてのドラゴンスプラッシュ！

それでも肩を上げようとする貴を、ガッチリと押さえ込んでカウント3が入った。

これで4度目の防衛に成功したデスマッチ王座は、6月に星野、そして8月にアメリカでMASADAを下して6度の防衛に成功した後、12月の文体で小林さんに奪われた。

デスマッチ王座6度の防衛は、初めて王者になった時と同じで、この時点でのタイ記録。もちろん小林さんに勝って新記録を更新したかったが、振り返ってみれば我ながらよく頑張ったと思う。

自分が最初に王者になった頃のデスマッチ王座戦線は、実質的には3〜4人の選手で争われていた。

しかし、この頃には新たなデスマッチファイターも増えて、ベルトを狙う選手は外国人も含めれば、10人以上にまで膨れ上がっていた。だからこそ一騎当千も開催が可能になったのだ。

そんな状況での6度の防衛は、我ながら胸を張ることができる結果だったと思う。

このようにデスマッチ戦線が、かつてないほどの充実を見せたこの年、大日本プロレス自体も大きな変化の時を迎えつつあった。

［第4章］

大日本プロレスの新時代

若手が安心してプロレスに専念できる環境

２０１１年７月に登坂栄児統括部長が、大日本プロレスの新社長に就任した。これに伴い団体創始者のグレート小鹿前社長は会長に。

この数年前から大日本の運営は、登坂部長が実質的に取り仕切っていたのだが、名実ともに団体トップの代替わりが行われたのだ。

新たな団体の舵取りとなった登坂新社長は、この年から所属選手との契約内容を一新した。

大日本の所属選手に対するギャラの支払い方法は、自分の入門後にも何度か変更があったが、２００１年の横浜アリーナ大会後は経営の悪化もあって、今から思えば嘘のような形態がしばらく続いた。それは次のようなものである。

ギャラはベテランから新人まで一律で１大会１万円。ただし自分が売ったチケットは、売り上げ全額を受け取ることができる。

思い切ったにもほどがあるシステムだが、苦しい経営状況の中で様々な試行錯誤を行った上で、当時の大日本にとっても選手にとっても、これがベターな形だったからこそ長く続いたのだ。

ただ、このシステムには決定的な欠陥があった。とりわけ地方出身の新人や若手は、チケットを売ることができない。食事も出る寮に住んでいるうちはいいが、これでは寮を出てプロレスで生計を立てることはむずかしい。生計を立てることができなければ、大日本でプロレスを続けていくこともできない。

そこで2007年にデビューしたフランク篤から、新人は毎月定額の基本給に、1試合ごとのギャラを加えて支払われるようになった。

フランクの1年後輩の岡林たちも同じだ。一方で自分たちは前述した、1試合1万円+チケット代という形が続いた。

しかし、この年に公的機関からの融資を受けることができたこともあって、選手の契約は次の2種類に改められる。

まず大日本の全大会出場を前提とした、毎月定額の給料が支払われるA契約。人数ではこちらの契約を結んでいる選手の方が多い。そしてもう一つは定められたギャラが、出場した試合ごとに支払われるB契約だ。

細かい内容を書くと長くなってしまうので詳細は省略するが、契約内容を選択するのは選手。どちらの契約をした選手にも、他団体に出場した際のギャラは加算され、試合や練習中の怪我による治療費はもちろん、欠場中も契約に準じた保障が行われる。

敢えてB契約を作ったのは、育児や家族の介護といったプライベートな事情や、このシステムが導入される前から行っていた仕事の関係で、全大会出場が困難な選手もいるからだ。例えば以前からパーソナルトレーナーの仕事もしていた吉野達彦は、大日本に入団した際にB契約を選択している。

もちろん状況が変わった選手が希望すれば、契約内容を変更することも可能だ。要するに全試合出場が困難な状況になった選手も、大日本でプロレスを続けていくことができるようにするためのシステムである。

ちなみに旗揚げから声高《こわだか》に貧乏団体をアピールしてきた大日本だが、現在ではデビューから2年も過ぎれば、寮を出て一人暮らしができるくらいの給料を、若手選手にも払うことができるようになった。

まだまだ不十分な部分はあるものの、自分たちが新人だった頃とは比較にならないほど、若い選手が安心してプロレスに専念できる環境が出来上がりつつある。若くして結婚する選手が多くなったのも、その成果の一つなのだろう。

そして大日本プロレスという団体の団結力は、この契約内容を一新したあたりから、年々強まってきているように感じる。

もちろんこの契約内容の一新によって、団体の責任や負担は重くなったし、プロレス界のみならず世の中全体の流れには、逆行する選択だったかもしれない。

しかし苦労は承知の上で踏み切った、あの時の登坂社長の英断があったからこそ、大日本プロレスがさらなる成長を遂げることができたことは間違いない。

大介が地道に耕し続けた畑が実を結ぶ

話は少し前に戻るが、大日本の通常ルール部門は、２０１０年の秋にストロングＢＪと命名された。

我々デスマッチは前述したように、選手の質量ともに年々充実していたが、ストロングＢＪの方も負けてはいなかった。ツートップの大介と義人はもちろんのこと、この頃には岡林裕二、石川晋也、河上隆一の２００８年デビュー組も急成長を遂げていた。

自分たちデスマッチの試合が、ストロングＢＪに食われてしまうことも、もはや珍しいことではなくなっていた。そんなストロングＢＪが一気にスパークしたのが２０１２年だった。

まずは義人の要求でストロングＢＪ版の一騎当千の開催が決定。３月からスタートしたリーグ戦は、前年のデスマッチ版と同じく2ブロック（各6名）の総当たりで争われ、各ブロックの上位2名ずつが、3月26日の後楽園大会で行われた決勝トーナメントに進出。決勝戦で大介を入魂のラリアットで沈めた義人が、優勝の栄誉とストロングBJ最強の座を勝ち取った。

しかしそれだけで満足しなかった義人は、決勝戦の試合後にマイクを握るや、ストロングBJのシングル王座新設まで宣言したのだ。

まったく強引にもほどがあるが、新たなベルトを新設するには、絶好のタイミングだったことは間違いなかった。

こうして5月5日の横浜文体で、初代BJW認定世界ストロングヘビー級王者決定戦が行われることになった。

日本代表はもちろん義人。対戦相手はオーストリア出身の巨漢で、大介にもシングルで勝ったことがあるヨーロッパ屈指の強豪のビッグバン・ウォルター。

この強敵を苦戦の末に下した義人が、初代王者として新品のベルトを腰に巻いた。

一騎当千の開催もストロングヘビー級王座の新設も、発端は義人の強引な要求によるものであり、彼の存在がなければ短期間で物事が進むことはなかっただろう。しかし、それも大介が何年もかけて、地道に耕し続けた畑の上だったからこそ、実を結んだ収穫であることは、誰よりも義人がわかっていたはずだ。

　こうしてストロングＢＪが、名実ともにデスマッチと並ぶ二枚看板となった大日本では、命を削って団体を守り続けた功労者であり、自分にとっても大きな存在だった先輩の、引退カウントダウンが進んでいた。

満員の札幌。凄まじい山川コールの中で

　翌年の7月15日の札幌テイセンホール大会で、山川竜司さんが引退試合を行うことが、登坂社長から発表されたのは、２０１１年11月22日の後楽園ホール大会だった。

　２００４年に大日本を離れてからの山川さんは、短期間の復帰と長い休養を繰り返し、気が付けば7年の月日が過ぎていた。そんな山川さんに対して、登坂社長は長年の親友だからこそ、心を鬼にしてプロレスラーとしてのタイムリミットを設定したのだ。

「時間を、闘いの場を有限とすることで、彼がプロレスと人生に、真正面から取り組んでもらえればと思ってのことです」

　複雑な表情で言葉を続ける登坂社長の横で、山川さんは照れているような、笑っているような不思議な表情で、目からはボロボロと涙を流していた。

この発表の少し前から7年間暮らした札幌を引き払い、道場がある横浜に戻ってきた山川さんは、引退ロードに向けて本格的なトレーニングを再開。地方大会全てには参戦できなかったが、それでも可能な限りの大会に出場し、久しぶりのデスマッチにも果敢に挑んだ。

低迷と休養の原因となった、椎間板ヘルニアは完治していなかったし、引退ロードの前半では思うような試合ができず、落ち込んでいる姿を目にすることも珍しくなかった。それでも新人や若手に混ざって、山川さんは道場での練習を続けた。

その甲斐あってこの年の春あたりから、タッグマッチで山川さんが勝利を奪うことが増えてきた。

もちろんエースとして活躍していた頃に比べれば、体力も体のキレも落ちている。それでも勝って大喜びする山川さんは、エースだった頃に負けないくらい輝いていた。

そして迎えた7月15日の札幌テイセンホール大会は、見たこともないくらいに多くのお客さんで埋め尽くされた。札幌だけでなく日本中から、山川さんの引退試合を見届けるために、多くのファンが会場に集まったのだ。

引退試合で山川さんは自分と小林さんとのトリオを結成して、WX&沼澤&星野組と対戦。試合形式は蛍光灯&五寸釘ボードデスマッチ。最後の試合を思う存分に闘ってもらうための、自分たち後輩からの餞別《せんべつ》だった。

かなり復調していたとはいえ、引退ロードのダメージや疲れが溜まっていた山川さんは、この試合で相手チームから集中攻撃を浴びる。

とりわけライバルだったWXさんの攻撃は厳しかった。この試合で叩きのめすことによって、WXさんは山川さんの中に残っていたプロレスへの未練を、完全に断ち切ろうとしていたのかもしれない。

しかし、山川さんは何度倒されても、目を見開いて立ち上がっていった。

そんな山川さんのプロレス人生を、敗北で終わらせたくなかった。自分と小林さんは山川さんを必死にアシスト。形勢を逆転すると星野に集中攻撃を浴びせた。

まずは自分がドラゴンスプラッシュ。続いて小林さんがバカチンガーエルボーを投下。そして幾多の敵を倒してきた、山川さんのリバース・タイガードライバーが炸裂！

カットに入ろうとする沼澤を押さえていた自分の耳に、カウント3が入る音が聞こえた。

凄まじいばかりの山川コールの中、引退セレモニーが始まる。思えば自分のプロレス人生は、山川さんが試験官を担当した入門試験から始まった。何もできなかった自分を怒鳴りながら、本間朋晃さんと一緒にプロレスの基礎を教えてくれたのも山川さんだ。

もちろん自分だけにとっての恩人ではない。山川さんが血みどろになって切り拓いてきた道を、大日本プロレスは現在も進み続けている。

そんな功労者の山川さんを、こうして盛大に送り出すことができたのは、大日本プロレスという団体の成長の証でもあった。

引退の10カウントゴングを聞く山川さんの表情は、人一倍悩んで苦しみ抜きながらも、プロレスをまっとうできた誇りと、第二の人生に向けた決意に満ちていた。

２０１２年のデスマッチ戦線は独り舞台

ストロングＢＪが本格的に起動した２０１２年、デスマッチ戦線では自分からベルトを奪った、小林さんの快進撃が続いていた。

2月に竹田を下して初防衛に成功したのを皮切りに、石川（修司）、沼澤、ドレイク・ヤンガー、イサミ、宮本を次々と下して、10月末の時点で6度の防衛に成功。これは自分と並ぶデスマッチ王座防衛回数タイ記録だ。

この快進撃の原動力となったのは、小林さんが年頭に掲げたプロレス大賞ＭＶＰ受賞という、いささか大それた野望だった。正直、最初に聞いた時は小林さん流の話題作りと思っていたが、本人はいたって本気だった。

強敵相手のハイペースな防衛も、MVP受賞のために必要不可欠な実績を作るため。しかもタイトルマッチ前には、欠かすことなく珍妙な特訓を行い、マスコミに対する話題作りも怠らなかった。ちなみに「愛してまーす！」をはじめとする、棚橋弘至選手のオマージュが定着したのも、この年の快進撃の中でのことだ。

そんな小林さんが10月29日の後楽園ホール大会で、宮本を下して6度目の防衛に成功した試合後、12月7日の横浜文体で行われる、7度目の防衛戦の相手に自分を指名した。自分は過去2回、6度の防衛に成功していたが、いずれも12月の横浜文体で行われた、7度目の防衛戦で小林さんに敗れていた。

ベルトを奪われてそろそろ1年。タイミングは頃合いだったし、防衛記録を小林さんに更新されるのは癪だったので、言われなくても自分から挑戦を要求するつもりだった。

試合形式は7つのアイテムを使用する、セブンカラーズデスマッチ。リング内に設置されたブロック、五寸釘ボード、蛍光灯、有刺鉄線ボード、剣山に、それぞれが持参したアイテムが加わる。

自分が持ち込んだのは円筒形の束から、一本だけ突き出した注射器型蛍光灯束。対する小林さんは蛍光灯と有刺鉄線とギターのネックで自作した、奇妙極まりない形のアイテムを持参。本人曰くエレキギターだったらしいが、あれを見てギターと思った人は皆無だっただろう。

12月の横浜文体で小林さんとデスマッチ王座を争ったのは、この試合が5度目。タイトルを奪われた2試合は負けていたが、2試合は勝って防衛していたので戦績は2勝2敗。しかし、この日の小林さんは過去最強だった。

この試合の時点でキャリア17年を越えていた小林さんだったが、強敵相手のハイペースな防衛戦が、小林さんを鍛え上げ進化させていたのだ。数えきれないくらいに闘って、手の内は知り尽くしていたつもりだったが、この日の小林さんは巧みに裏をかいてきた。しかし15分を過ぎたあたりで、さすがにスタミナ切れが見えてきた小林さんを、一気に攻め込むと勝負に出た。

1000本以上の五寸釘が打ち付けられ、プロレスラーでも最低4人がかりで運ばねばならないほど重い（たぶん100キロ以上）、釘板ボードを移動させて、ダウンした小林さんの上にセット。

下敷きになった小林さんの「うぎゃ！」という声が聞こえたが、かまわずコーナーに登ってドラゴンスプラッシュを放った。

命中した瞬間、無数の五寸釘の先端を通じて、想像を絶する圧力が小林さんを襲ったはず。しかも小林さんの上には重い五寸釘ボード。物理的に返せるはずがない一発だった。

ところが小林さんは肩を上げた。

しかも立ち上がってくる。物理的な必然さも覆してしまう、怪物的なタフネスを目の当たりにして、思わず追撃の手が止まってしまった。

このチャンスを見逃さず、一気に反撃に転じた小林さんは、もはや残骸となっていた、自作の蛍光灯ギターを抱えてのバカチンガーエルボー。その前に釘板へのパイルドライバーを食っていたダメージも大きく、カウント3を奪われてしまった。

結果、小林さんは記録更新となる7度目の防衛に成功。横浜文体大会の数日後に行われた、プロレス大賞の選考会では、MVPには届かなかったものの敢闘賞を受賞した。

この年の小林さんは、それだけの評価を受けるにふさわしい結果と内容を残し、1年を通じて話題を提供し続けた。悔しいけれど2012年のデスマッチ戦線が、小林さんの独り舞台だったことは認めざるを得ない。

こうしてデビュー以来最高の1年を終えた小林さんだったが、年明け早々にとんでもない怪物の挑戦を受けることとなる。

自分を下した試合後のバックステージで、石川修司が小林さんに挑戦状を叩きつけ、年が明けた1月2日の後楽園大会での、デスマッチ選手権が決定したのだ。

挑戦権賭けた一騎当千は想像以上にハード

この年も1月2日の後楽園大会からスタートした2013年の大日本。この大会でいきなりデスマッチ王座が移動する。すなわち前年に無敵の快進撃を続けた小林さんを、挑戦者の石川修司が下して新王者となったのだ。

無類の打たれ強さと粘りが武器の小林さんは、例えるならば最強の盾《たて》のような選手。一方の石川はスーパーヘビー級の肉体から繰り出す、凄まじいばかりの攻撃力を誇る最強の矛《ほこ》のような選手だ。

そんな2人が対戦したデスマッチ選手権は、最強の矛である石川が、最強の盾である小林さんを貫き、木っ端《こっぱ》みじんに粉砕してしまったのだ。

新王者になった石川はさっそく、「俺と闘いたいヤツ、誰でもいいから上がってこい！」と呼びかける。待ってましたとばかり、次々とデスマッチファイターたちがリングに上がる。もちろん自分もその中の一人だった。

まず宮本が3月に開催される、故郷の広島大会での挑戦を要求したのを皮切りに、次々と石川に挑戦の名乗りを上げていく。

しかし自分はこの時、敢えて挑戦表明はしなかった。というのも、この年はデスマッチファイターによって争われる一騎当千が2月末から開幕することを知っていたからだ。優勝すれば当然のように石川への挑戦権を得ることになる。ならば、この場でその他大勢の一人として、声を上げる必要はないと考えたのだ。

この年は6人ずつの2ブロックで開催された一騎当千は、2月24日の沼津大会で開幕し、リーグ戦最終戦は3月30日の後楽園大会。そして各ブロックの1位が4月10日の新木場大会で決勝戦を争うスケジュールで行われた。

つまり優勝するにはリーグ戦に決勝戦を加えた6試合を、約1カ月半の間で闘わねばならない。これは相当にハードなスケジュールだ。しかし、それは他の選手も同じ。むしろ初の経験となるシングルのデスマッチ連戦に、自分の闘志は燃え上がっていた。

同じAブロックにいたのは宮本、沼澤、WX、星野、ドレイク・ヤンガーという面々。いずれも気が抜けない相手とのシングルが続いたので、肉体的には予想していた以上にハードなリーグ戦だった。

それでも順調に勝ち星を重ねて4戦全勝で、同じく4連勝の宮本とリーグ戦最終戦で対戦。勝った方が5戦全勝で決勝戦に進出することができる。

試合形式は宮本との対戦では初となる、蛍光灯300本デスマッチ。当然のように血で血を洗う熱戦となった。ただ、リーグ戦中の3月17日に石川のデスマッチ王座に挑み、熱戦の末に敗れていた宮本は、自分以上に疲労とダメージが蓄積していたようだ。

過去の対戦に比べると今一つ爆発力に欠けた宮本を、ドラゴンスプラッシュで仕留め、負けなしの5戦全勝で決勝戦進出を決めることができた。

決勝を争うことになったのは、自分と同じく5戦全勝でBブロックを制したイサミ。そのイサミが4月10日の決勝戦に提案してきたのは、自分も未経験のデスマッチとしては斬新な試合形式だった。

新ライバル木高イサミの斬新な発想

デスマッチを始めた頃のイサミに対する自分の評価は、決して高いものではなかった。いかんせん体が細すぎたし、同時にデスマッチデビューした宮本のような、跳び抜けた運動能力の持ち主でもなかったからだ。

だから2007年に頸椎ヘルニアによる長期欠場を余儀なくされた時には、仮に復帰できたとしても、その先にイサミがデスマッチ戦線のトップに立つ可能性は、極めて低いと考えていた。

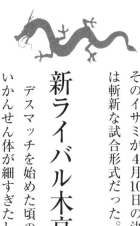

ところが、そんな自分の予想は見事に外れることとなる。約1年の長期欠場から復帰したイサミは、ぐいぐいとデスマッチのトップグループを追い上げてきたのだ。

とりわけ宮本とのコンビ「ヤンキー二丁拳銃」での活躍は目覚ましく、2度目のタッグ王者に君臨していたこの時には、すでに3度の防衛に成功。その後もデスマッチのチームのみならず、大介と岡林のコンビをはじめとする、ストロングBJの強敵チームも次々と撃破して、最終的に17回防衛という大記録を打ち立てた。

しかもその間にDDTのKO－Dタッグ王座も奪い、4度の防衛に成功していたのだから恐れ入るばかりだ。

そんなイサミが一騎当千の決勝戦に提案してきたのは、なんとデスマッチの3本勝負。提案された時には一本取られたと思った。

デスマッチの歴史は、すなわち新たなアイテムの開発と進化の歴史でもあった。ところがイサミは古くからプロレスに存在した、3本勝負という試合形式によって、デスマッチに新たな進化の方向性を提示したのだ。

まさに温故知新。こんな発想ができる選手は、デスマッチ史上でも初めてだろう。ここまでシングルでは一度も負けたことがなかったが、3本勝負を提案された時点で、今回のイサミはかなり手ごわいと思った。

こうして自分にとってもイサミにとっても初経験となる、デスマッチの3本勝負で行われることとなった決勝戦。まず1本目はテーブル、ラダー、椅子が公認凶器となる、TLCデスマッチで行われた。

これは自分が提案した試合形式。イサミはラダーからの攻撃を得意とするが、それは自分も同じ。いや、むしろ年季では勝っている。相手の得意とする試合形式で先取して、一気に優位に立つことを狙った作戦だった。

しかし、久しぶりにシングルで対戦したイサミは、無鉄砲だけが取り柄だった数年前とは、別人のように強く上手くなっていた。自分が優勢の展開が続いていても、勝負に出ようとすると巧みに切り返され、反撃を食らってしまう。

その切り返しと反撃の全てが、腹が立つくらいに理に叶っているのだ。一見すると相変わらず無鉄砲に見えるイサミのファイトだったが、そんな無鉄砲さえも実は理詰めの計算ずくだった。

そんな理詰めのプロレスの体得が、イサミをここまで躍進させたことを、闘いながら実感した。

試合開始から10分過ぎ、ギガラダー（高さ3メートル弱の大型ラダー）上の頭突き合戦を制した自分は、そのまま雪崩式ブレーンバスターでイサミを投げ落とした。落差は

2メートル以上あった。

自分も変な角度で落下したため、首から背中にかけて激痛が走ったが、痛みを無視して一気に勝負へ。最後はギガラダーの下敷きにしたイサミに、ドラゴンスプラッシュを決めて1本目を先取した。

2本目はイサミが提案した蛍光灯&ブロックデスマッチ。準備の間、自分とイサミはいったん退場して、お互いに蛍光灯束を抱えて再入場。この数分間のインターバルが、イサミのダメージをかなり回復させたようだ。

それでも2本目開始時点のダメージは、1本目で負けたイサミの方が明らかに大きい。ストレート勝ちを狙って一気に攻め込むが、イサミも凄まじい気合いで反撃している。

そして攻勢に出たイサミが、自分が用意していたブロック型蛍光灯束を持ち込んできた。「ふざけんじゃねえ!」と奥の手の左フックを打ち込み、奪い返したブロック型蛍光灯をセットして、トドメを狙ったドラゴンスプラッシュを放った。

ところがこれをイサミにかわされ、自分はブロック型蛍光灯束に壮絶な自爆。おそらく全てはイサミの作戦だったのだろう。

どうにか起き上がった自分の後頭部、続いて顔面に、助走をつけたイサミのトラースキック、勇脚・斬が連打で命中。立て続けの大ダメージに、カウント3を奪われてしままった。

これで1対1のイーブン。

決勝の3本目には2本目のアイテムと残骸が残され、さらに1本目で使用したラダー、机、椅子に加えて、五寸釘ボードが持ち込まれる。

3本目はゴングと同時にお互いにラッシュをかけた。肉体的な限界はとうに越えていたはずだが、不思議なくらいに体が動く。

イサミもまったく疲れた様子を見せず攻めてくる。

自分もイサミも、デスマッチハイとでも呼ぶべき状態になっていたのだろう。イサミが放ったギガラダーからのダブルニードロップ、ギガラダー・ブレイクもカウント2で返すことができた。

立ち上がって反撃に転じると、今度は自分がギガラダーのてっぺんから、ドラゴンスプラッシュを放つ。今度はイサミも返すことができずカウント3が入り、一騎当千初優勝を果たすことができた。

厳しいリーグ戦だったからこそ、この優勝は嬉しかった。そして、優勝に負けないくらいの大きな収穫は、リーグ戦5試合と決勝の3本勝負を闘い抜き、自分自身の限界を更新できたこと。そして木高イサミという、新たなライバルができたことだった。

次に対戦しても勝てないかもしれない

一騎当千に優勝した自分は、5月5日の横浜文体で石川修司のデスマッチ王座に挑んだ。この試合は自分だけの闘いではなかった。一騎当千を闘い抜いた、自分以外の11人の選手たちの魂も背負っていたからだ。

おそらく前回の優勝者である貴も、同じような気持ちで自分に挑んできたのだろう。もちろん、石川がとんでもない強敵であることは、3年前のデスマッチ選手権で身を持って知っていた。それでも過酷な一騎当千を制し、11人の戦友たちの魂も背負った自分は、3年前よりも強くなっている自信があった。

しかもこの試合の勝者は、3代目となる新しいチャンピオンベルトを腰に巻くことになっていた。自分が有刺鉄線でデコレーションを施し、王者として長く腰に巻いていた、2代目のベルトには深い愛着があった。

それでも、新たなベルトを最初に腰に巻くのは、他団体所属の石川ではなく、絶対に自分であるべきだと思っていた。

しかし、蛍光灯&ガラスボード+剣山611個（ファンの皆さんの提供）デスマッチで行われた、この日のデスマッチ選手権は、結果から書いてしまえば自分の完敗に終わる。自分も何度か石川を追い込んだし、心は最後まで折れなかったので、決して惨敗ではなかったと思う。

しかし、蛍光灯をセットしてのドラゴンスプラッシュは返され、3年前の試合では突破口となったフックの連打も、石川を倒すことはできなかった。終盤の2分くらいは、石川の猛攻に必死に肩を上げ続けることしかできなかった。

次に対戦しても勝てないかもしれないと思った敗北は、少なくともデスマッチを始めてからは、あの試合が最初で最後だ。

石川は前回の対戦からの3年間で、さらに大きく強くなっていた。唯一の弱点だったデスマッチキャリアの浅さも、3年間でたっぷり経験を積んで克服。つまりまったく穴がないチャンピオンになっていたのだ。

歴代最強デスマッチ王者が誰かと問われれば、もちろん自分だと言いたいところだが、悔しいけれど石川修司と答えざるを得ない。

自分に勝った後も石川は竹田と沼澤を連破。絶対王者どころか永久王者になりかねない、圧倒的な強さを誇った石川から、この年11月の横浜文体でベルトを奪ったのは、同じユニオン所属のイサミ。デスマッチデビューから7年目に成し遂げた、初のデスマッチヘビー級王座奪取だった。

同じ団体で誰よりも多く組み、闘ってきて、しかも分析能力にも長けたイサミだからこそ発見できた、石川攻略法があったようにも思える。

ただ、どんなに有効な攻略法があったとしても、それを実現できる実力抜きには勝つことはできない。攻略法と実力を兼ね備えたイサミだからこそ、あの時の石川に勝てたのだろう。

さて、この一騎当千から石川とのデスマッチ選手権に至る2カ月強の闘いには、とんだ後日談があった。石川戦の後も試合を続けていたのだが、イサミとの3本勝負後から感じていた首から背中にかけての痛みが治まらない。

あちこちが痛いのはいつものことだが、さすがにこれはおかしいと思い、病院で検査を受けたところ、頸椎を圧迫骨折していたことが判明する。しかも、骨折は2カ月ほど前に負ったものだという。

おそらくはイサミ戦の1本目で、ラダーからの雪崩式ブレーンバスターを放った際に、変な角度で落下した際の怪我だろう。だとすれば、自分はそんな状態でイサミ戦の2本目と3本目、そして石川との試合を闘っていたことになる。

一歩間違えば自分は選手生命を失い、イサミや石川、そして欠場までに対戦した誰かに、とんでもない十字架を背負わせるところだったのだ。幸い発見された時点で骨折は治りかけており、欠場は１カ月くらいで済んだものの、これは結果オーライで終わらせてはならない失態だった。

思えば自分が負ったこの時の怪我は、この年から翌年にかけて、大日本を襲う大きな試練の予兆だったのかもしれない。

祟られたかのような欠場・退団ラッシュ

２０１３年から２０１４年にかけて、大日本は大きな試練に直面する。主力選手の欠場と退団が相次いだのだ。

まず２０１３年の５月に行われた健康診断で、小林さんがＣ型肝炎に感染していることが判明。幸いにして発症はしていなかったが、治療と他の選手への感染を防ぐために、翌年８月までの長期欠場を余儀なくされる。

９月にはＷＸさんと義人が膝の負傷で相次いで欠場。結局、この２人はそのまま復帰することなく退団してしまう。

２０１４年の年が明けた１月には、大介が膝の負傷、岡林が肩の負傷で相次いで欠場。

大介は4月に復帰できたが、岡林は12月までの長期欠場となる。

5月には新鋭のデスマッチファイターとして期待されていた塚本拓海が、9月には当時のストロングヘビー級王者だった石川晋也が家庭の事情で退団……。

怪我はあくまで不慮のものだし、欠場した選手たちの中には、大日本に対する不満があった選手もいたかもしれないが、多くはプライベートな事情も大きな理由だった。

とりわけ大介、義人、岡林のトップスリーを欠いた、ストロングBJのダメージは大きく、2月開幕が予定されていた一騎当千も、大介が復帰した後の5月に開幕が延期となる。

こうして振り返っても、憂鬱になってしまうくらいの欠場と退団のラッシュ。何年もかけて充実させてきた大日本の陣容は、一気に弱体化してしまった。しかし、こういう時だからこそ、自分は率先して前に出なければならない。しかもデスマッチ王者は前年に一騎当千の優勝を争ったイサミだ。

善は急げと1月2日の後楽園大会で、塚本を下して初防衛に成功したイサミに、2日後の新木場大会で挑戦状を叩きつけた。これに待ったをかけてきた竹田を挑戦者決定戦で下し、3月21日の博多大会で自分とイサミのデスマッチ選手権が決定した。

ところが今度は竹田が自分との挑戦者決定戦後に、バイクの事故で膝を負傷して6月まで欠場。もはや何かに祟《たた》られているようにさえ思えてきたが、そんな悪い流れを自分のベルト奪回で断ち切るべく、気合い満々でイサミに挑んだのだが……。

1メートル四方、鉄檻上の攻防を制す

ガラスボードデスマッチで行われた、イサミとのデスマッチ選手権は、自分の敗北という結果に終わった。イサミにとっては自分から挙げたシングル初勝利だった。

　自分も経験したことではあるが、目標としていたベルトを始めて奪った選手の多くは、王者になってさらに強くなる。それはイサミも例外ではなく、前年に一騎当千の決勝戦で闘った時よりも、明らかに強くなっていた。

　しかもイサミの勢いはさらに加速する。自分を下した6日後の後楽園大会で、星野を下して3度目の防衛に成功。さらに5月5日の横浜文体で、盟友の宮本を下して4度目の防衛に成功すると、次期挑戦者に自分を逆指名してきた。しかもルールは1年前に一騎当千の決勝を争った3本勝負を指定してきた。

　1カ月半前に勝っている自分に対する、イサミからの逆指名は、普通はあり得ないことだった。しかし1年前に自分に喫した敗北の雪辱を、イサミは同じ3本勝負で晴らさずにはいられなかったのだろう。

3本勝負の厳しさは骨身に染みていたが、それはイサミも同じはず。ましてやしばらく先になると思っていた、ベルト奪取のチャンスが、思いがけず早く訪れたのだ。イサミからの逆指名を断る理由などなかった。

こうして横浜文体の20日後に行われた名古屋大会で、イサミに自分が挑むデスマッチ選手権が決定した。もちろん3本勝負だ。

1本目は前回と同じくTLCデスマッチだったが、ギガラダーからのダイビング・ダブルニー（しかも椅子付）に続いての、勇脚・斬を叩き込まれて先取されてしまった。

2本目も前回と同じブロック&蛍光灯デスマッチ。後がない自分はイサミを攻め込むと、用意していた巨大蛍光灯束をセットして、ドラゴンスプラッシュでトドメを狙ったが、かわされてしまい壮絶な自爆。

この時点で大半の観客は、自分のストレート負けを予想したことだろう。しかし、この日の自分には奥の手があった。

トドメを狙った勇脚・斬をかわしながら、イサミの足を取って丸め込んだ。完全に不意を突かれたイサミは、返すことができずカウント3が入る。自分にとってデスマッチ選手権で初めて奪った、丸め込み技によるカウント3だった。

決勝の3本目は前回の五寸釘ボードに代わって鉄檻が設置された。

自分とイサミがこの試合形式で闘うとなれば、勝敗のポイントは明らか。すなわち、どちらが先に鉄檻の天井に上がることができるか？　だ。

先に上がったのは自分だったが、鉄檻を揺らされてバランスを崩した間に、イサミも後を追ってきた。約1メートル四方の天井の上で、エルボーの打ち合いになる。

打ち勝った！

鉄檻から落下してダウンしたイサミに、間髪入れずフライング・ボディプレスを投下する。ドラゴンスプラッシュではなかったのは、イサミの落下した場所が近かったのと、1秒でも早く決めなければかわされると思ったからだ。

結果的にこの判断は正しかった。イサミが予想していたよりも早い落下の衝撃は、不意を突く効果もあったようで、イサミからカウント3を奪うことができた。

約2年半ぶり、5度目の王者返り咲き。しかし一息ついている余裕はない。この試合の勝者は6月15日の広島大会で、王者として防衛戦を行うことが決まっていたからだ。

試合後、敗れてリングを降りるイサミから、タッチを受けた宮本が自分の前に立った。イサミから自分へのリベンジを託されたということだろう。まったくもって洒落《しゃれ》たことをしてくれる。しかも広島は宮本の地元だ。

迷わずその場で宮本を挑戦者に指名した。

カニ挟みからのラ・マヒストラル

宮本の挑戦を受けた広島大会は、イサミからベルトを奪った名古屋大会の21日後。なかなか厳しいスケジュールだったが、それは宮本も同じだった。

宮本は名古屋大会の1週間前に開幕した、ストロングBJの一騎当千に出場していた上に、5月31日の後楽園大会ではイサミとのヤンキー二丁拳銃で、石川修司と佐藤耕平の反則級怪物コンビ、ツインタワーズ相手のタッグ王座防衛戦も控えていたからだ。

ちなみにこのタッグ選手権は、ここまで17回の防衛に成功していた二丁拳銃を、ツインタワーズが撃破してベルトを奪取した。

そして迎えた6月15日、宮本を迎え撃ったデスマッチ選手権の試合形式は、蛍光灯&コンクートブロック&五寸釘ボードデスマッチ。

予想通り試合は一進一退、削り合いの持久戦となった。

試合開始から15分過ぎ、勝負に出た自分はここ一番のフックを打ち込むと、追撃を狙ってロープに走ったが、宮本のカニ挟みで転倒。倒れた先には直前まで宮本と奪い合っていた、巨大な蛍光灯の束があった。

蛍光灯が割れる衝撃と破片が刺さる痛みに、一瞬頭が空白になった自分の腕に、宮本の足が素早くからみつき、ぐるりとひっくり返された。

ラ・マヒストラル。

予想外の攻撃に不意を討たれ、そのままカウント3を奪われてしまった。

試合後、宮本はこの決まり手をマグレと言ったが、自分の意表を突いた、敵ながらあっぱれな勝利だった。

対する自分はと言えば、わずか21日で一度も防衛できずに王座陥落。最初にデスマッチ王者になった時の在位期間は約2年4カ月。これは現在も破られていない最長在位記録だが、今回はたった21日で王座転落。これは返上を除けば、最短在位記録更新だった。

一方、新王者となった宮本は、ストロングBJ版の一騎当千も順調に勝ち抜いて、ブロック2位で決勝トーナメントに進出。7月26日の後楽園大会で行われた準決勝で、大介に敗れて決勝戦進出は果たせなかったが、へビー級の選手たちを相手に見事な戦績を残した。

ちなみに決勝戦で大介を下して、この年の一騎当千を制したのは、デスマッチ王座に続いてストロングへビー王座も奪取すべく、年明けからストロングBJに主戦場を移していた石川修司だった。

こうして他団体選手たちの奮戦にも助けられながら、苦境に立ち向かっていた大日本プロレスは、9月9日に行われた会見で、翌年の7月20日の両国国技館大会開催を発表する。

横浜文体以上の規模でのビッグマッチは、2001年の横浜アリーナ大会以来。言うまでもなく大日本にとっては大勝負だった。

次に進むためリスク覚悟で挑戦する

両国国技館大会を初開催した2015年は、大日本の旗揚げ20周年の記念イヤーだった。だからといって最初からこの年の開催を目指していたワケではない。開催に向けた国技館側との交渉は、この何年も前からずっと続けていた。しかし実現に向けての最大のネックとなったのは、デスマッチを行うことに対する、国技館側の難色だった。

ご存知のように国技館は大相撲の会場だ。プロレスの興行の際には、土俵は大型エレベーターで地下に降ろされる。しかし、土俵周囲の砂に蛍光灯やガラスの破片が紛れ込んで、裸足で取り組みに臨む力士が、怪我をすることを危惧されたのだ。

それでも何年もかけて交渉を続け、この数年前には条件付きではあったが、一度は開催に合意していた。ところが、その直後に担当者が交代してしまい、再び最初から交渉をやり直した結果としての、2015年の初開催だったのだ。

2014年の時点で大日本の年間大会数は、130回近くと数年前の倍以上になっていた。そんな大日本にとって年2回の横浜文体よりも、さらに大きい両国国技館での大会開催は、団体として次のステップに進むための、新たなチャレンジだった。

20周年記念の一度限りの開催と考える人も多かったが、自分たちはあくまで毎年の継続的な開催を前提としていた。

ただ、ここまで書いてきたように、2014年の大日本は欠場や退団が相次いでいた上に、2001年の横浜アリーナ大会で、経営的に大きなダメージを負っていたこともあって、「大丈夫なのか？」と心配する声も少なからずあった。

しかし、リスクを恐れていては新たなチャレンジなどできない。たしかに所属選手の陣容は弱体化していたが、小林さんに続いて岡林の年内復帰の目途《めど》も立っていた。二丁拳銃とツインタワーズをはじめとする、他団体からの参戦選手の顔ぶれも、かつてないほど充実している。

そのような状況を考えれば、決してイチかバチかのギャンブルではなく、両国国技館という器に足るカードを出せる確信もあった。

ただ、そのためには大前提があった。両国大会成功のために求められていたのは、我々大日本所属選手のさらなる奮起と、それを具体的に示す結果だった。

両国までにベルト奪回という使命

２０１５年の大日本はかつてない状況でスタートを切ることとなる。

年が明けた時点でのデスマッチ王者は宮本裕向。ストロングヘビー王者は石川晋也の引退返上後に、王者決定戦で河上隆一を下した石川修司。さらにタッグ王者は石川と佐藤耕平のツインタワーズと、主要タイトルの全てが他団体の選手に奪われていたのだ。

もちろん、誰もが必死に闘った結果のことだったし、２０１４年の苦境を乗り越えることができたのは、ベルトを巻いていた他団体の４人が、大日本を盛り上げてくれたことも大きかった。

だからといって、ベルトを他団体選手に総取りされたままで、両国大会を迎えていいはずがない。自分たち所属選手に課せられた使命は、両国大会までにベルトを奪還することだった。

まずは大介が結果を出す。3月31日の後楽園大会で死闘の末に、石川からストロングヘビー王座を奪取したのだ。

一方、デスマッチ王座の方は、前年の12月の横浜文体で小林さん、1月2日の後楽園で星野、3月1日の後楽園で沼澤が挑んだが、いずれも宮本に返り討ちにされてしまう。ここまで自分が宮本に挑戦しなかったのは、3月から開幕する一騎当千に照準を絞っていたからだ。4月19日の札幌大会で決勝戦が行われる一騎当千に優勝すれば、5月5日の横浜文体で宮本に挑戦できる。

宮本にベルトを奪われた張本人だからこそ、自分が挑戦するならそれくらいの実績が必要と考えていたのだ。

開幕戦でいきなり関根龍一に敗れ、さらに竹田にも敗れる苦しい闘いとなったが、どうにかブロック2位で決勝トーナメントに進出することができた（1位は竹田）。もう一方のブロックは1位のイサミと、2位の小林さんが決勝トーナメントに勝ち上がってきた。しかし、小林さんはこの時点で非常に大きなハンデを負っていた。あろうことか必殺技のバカチンガーエルボーを封印されていたのだ。

小林さんが欠場している間、コーナー上で「愛してまーす！」と叫んで放つ、愛してますチョップは宮本が受け継いでいた。それは宮本から闘病中の小林さんへのエールだった。

ところが宮本は小林さんの復帰後も、愛してますチョップを使い続けた。そもそも「愛してまーす！」が棚橋弘至選手のパクリにもかかわらず、小林さんが宮本に対して、「人の技をパクるな」と抗議。

小林さんによればプロレス大賞授賞式の際に、自分は棚橋選手から「愛してまーす！」の使用許可をもらっているが、宮本の愛してますチョップは、非公認の不正使用という言い分だった。

そんな言い合いが続いた末に、前年12月の横浜文体で行われた、宮本に小林さんが挑んだデスマッチ選手権には、愛してますチョップの使用権も賭けられた。しかし結果は小林さんの負け。小林さんは愛してますチョップの使用が禁止される。

さらにイサミから挑発された小林さんは、敗れた選手が一騎当千中は必殺技の使用が禁止となる、必殺技コントラ必殺技で対戦。勇脚・斬を賭けていたイサミとの公式戦に敗れて、バカチンガーエルボーまで使用禁止となってしまう。

命中率が低い愛してますチョップはまだしも、決め技であるバカチンガーエルボーの使用が禁止された時点で、小林さんの一騎当千は終わったと思った。

ところが小林さんは諦めなかった。絶体絶命の状況の中で、新たな必殺技を編み出した……、いや掘り起こしたのだ。

小林さんが掘り起こした必殺技は、ショルダースルーからの逆エビ固め。いずれも練習生時代から新人時代にかけて、先輩から怒鳴られながら体得するプロレスの基本技だ。しかしショルダースルーで高々と放り投げて、腰に大きなダメージを与えた相手を、さらに逆エビ固めで絞り上げるこのコンビネーションは、非常に理に叶っていた上に、体重150キロの小林さんが使うと必殺技となった。

この新必殺コンビネーションを武器に、リーグ戦を勝ち抜いた小林さんは、札幌大会の準決勝でまずは竹田を撃破。一方の自分は準決勝でイサミに敗れてしまう。この時点で自分がデスマッチ王者として、両国大会に出場する可能性はほぼ消滅した。

こうして一騎当千の優勝、そして宮本からの大日本所属によるベルト奪回は、小林さんの双肩に託されることとなる。

そんな期待に小林さんは見事に応えてくれた。決勝戦でイサミを下して一騎当千初優勝を果たした小林さんは、5月5日の横浜文体で宮本も下して、大日本にデスマッチ王座を取り返してくれたのだ。

この時点で前年8月の復帰から9カ月弱。見事なばかりの復活劇だった。さすが〝おいしいとこ取りの小林〟を自称するだけのことはある。

新王者となった小林さんは、この月の24日に開催された広島大会のメイン終了後に、両国大会の挑戦者に自分を指名した。

明確な実績による挑戦ではないのは不本意だったが、それでも小林さんの指名を受けたのは、ベルト奪回以外にも大きな理由があった。両国大会で行われるデスマッチ選手権は、自分が12年間闘い続けてきた、デスマッチの真価が問われる場でもあったのだ。

デスマッチとストロングBJという両極端

前述したように大日本の両国国技館大会開催にあたって、大きなネックとなったのがデスマッチ、とりわけ蛍光灯やガラスの破片の問題だった。

根気よく交渉や説明を続けたものの、やはり許可を頂くことはできず、両国大会では蛍光灯やガラスといった、鋭利な破片が生じるアイテム、さらに砂に紛れ込む可能性がある、画鋲の使用も禁止となる。

国技館を運営する大相撲協会としては、裸足で土俵に上がる力士の安全を考えれば、当然の判断だったと思う。

しかし、大日本のデスマッチに不可欠な、これらのアイテムの使用禁止は、我々デスマッチファイターにとっては、大きな制約となることは間違いなかった。

蛍光灯やガラスが使用できない試合形式で、両国のメインにふさわしいデスマッチができるかと問われれば、責任を持って「できます！」と言い切ることは、あの時の自分にはできなかった。

しかしストロングヘビー級選手権は、どんなカードになろうが、両国のメインにふさわしい試合内容になるはずだった。だから両国大会の開催が発表された時点で、メインがストロングヘビー級選手権になることは、ほぼ決定していたことだった。

両国大会のメインは大介に岡林が挑むストロングヘビー級選手権。そしてセミで行われる、自分たちのデスマッチ選手権の前の試合では、石川と耕平のツインタワーズに、宮本とイサミのヤンキー二丁拳銃が挑む、タッグ選手権が行われることが決まった。

どちらも年間ベストバウト級の名勝負が期待できる、自分も客席で観戦したいくらいの好カードだ。だからといってデスマッチ選手権が、前後の2試合に内容で負けるワケにはいかない。

もちろん自分は小林さんに勝って、6度目の王者に返り咲くために、両国のリングに上がる。しかし、蛍光灯やガラスを使用することができなくても、前後に行われる2つのタイトルマッチに負けない、凄いデスマッチを見せる重い責任も、あの時の自分と小林さんは背負っていたのだ。

両国大会の大会名は両極譚（りょうごくたん）。両国と両極端を兼ね合わせた造語だ。譚は物語を意味する。大日本における両極とはもちろんデスマッチとストロングBJ。デスマッチが大日本の一方の極であることが、両国での自分と小林さんの試合で、改めて問われようとしていたのだが……。

大会まであと1カ月に迫った6月の半ばから、小林さんが数大会を欠場する。5月に行われた健康診断で、C型肝炎ウィルスの陽性反応が出たのだ。

もっとも、小林さんのようにウィルス性肝炎が完治した人の体内には、しばらくの間はウィルスの抗体が残っているため、検査をすれば陽性反応が出るのは当たり前のことだった。とはいえ陽性反応が出た以上は、精密検査で感染の有無を確認する必要があり、その結果が出るまで大事を取っての欠場だった。

小林さんは担当の医師から、完治後も精密検査を命じられていたにもかかわらず、1万円くらいの検査料惜しさに、ずっと検査を受けていなかったのだ。

小林さんらしいポカではあったが、これには本当に腹が立った。もしも健康診断がもっと後に行われていたら、小林さんは両国大会に出場できない可能性もあったからだ。しかも検査を受けなかった理由を、給料が安いからと言い訳したのだ。

団体内で最古参選手の小林さんは、デビュー2年もすれば寮を出て、一人暮らしができるようになっていた若手選手よりも、当然のようにかなり多くの給料をもらっていた。少なくとも、1万円くらいの検査量が払えないほどの薄給ではない。

両国大会で自分がやらねばならぬことに、そんな小林さんの性根を叩きなおすことが加わった。

相撲の聖地両国に100キロの塩

快晴に恵まれた7月20日、大日本プロレスは初の両国国技館大会を開催した。大日本にとっては新たに踏み出した大きな一歩だったが、かといってこの大会は特別なお祭りではなかった。

だから全9試合が行われたこの大会のラインナップに、初参戦の特別なゲスト選手はいなかった。最初の両国大会だからこそ、普段の闘いの延長線上にあるカードで勝負する。それが初の両国大会にあたっての、大日本の決意表明だったのだ。

正式に発表こそされていなかったが、この時点で翌年の両国大会開催も内定していた。この日、初めて両国のリングで試合をした若い選手たちも多かったが、これから彼らはこの会場で毎年闘い、新たな大日本の歴史を築き上げていくことになる。

そんなことを考えながら、開場前にウォーミングアップに励む後輩たちを見ていると、気合と力が体中にみなぎってきた。

第7試合のタッグ選手権は、ツインタワーズが二丁拳銃を下して防衛に成功した。入場待機スペースに聞こえてきた大きな歓声から、期待を裏切らない熱戦だったことは明らかだ。

しかし、自分たちも負けてはいられない。

やがて入場テーマが鳴って、挑戦者の自分が先に入場する。

自分と小林さんの試合は大日本20周年にちなんで、20のアイテムを使用する20アイテムデスマッチで行われた。

四角いリングの中にブロックが円形に設置され、各コーナーには有刺鉄線、五寸釘、殺虫器（電熱で虫を焼き殺す）のボードをセット。さらに大日本のデスマッチの歴史を血で彩ってきた、様々なアイテムも持ち込まれたリング中央には、畳一畳分くらいの金属製トレイに盛られた、実に100キロの塩。塩はこの年の一騎当千準決勝のイサミ戦で使用したところ、思った以上の威力があったので、会場が相撲の聖地の両国ということもあって、景気よく大量に使用することにした。

自分はこれまで動きのあるデスマッチを心掛けてきたが、20ものアイテムを使用するこの試合に関してはそうはいかない。とりわけリング中央にセットされた１００キロの塩は、移動させることさえ容易ではない。

必然的にアイテムにぶつけ、殴り合う、非常にデスマッチ的な攻防となった。

これはどちらかといえば小林さんが得意とするスタイルだが、自分も決して嫌いでも苦手でもない。

蛍光灯もガラスもない試合だったが、それでも五寸釘ボードをはじめ、刺さるアイテムは山ほどあり、自分も小林さんも額からは血が流れ、背中にも無数の穴が開いていった。

ここが頃合いと見た自分は、小林さんに大量の塩を浴びせる。プロレスでは目つぶしに使われることが多い塩だが、傷口があると激痛が走る上に体内の水分が奪われ、体力が一気に奪われることを、自分はイサミ戦で学習していた。

まさに傷口に塩をすりこむ攻撃に、小林さんは声を上げて悶絶《もんぜつ》する。

しかし、大量の塩は自分にもふりかかり、こちらも目は開かなくなるし、鼻にも入って大量の鼻水まで出てきた。おそらく血圧も相当にあがっていたはずだ。切れも刺さりもしないが、塩は闘う人間にとっては、本当に恐ろしいアイテムなのだ。

それでもここが勝負と隠していた注射器を取り出し、小林さんの頬を貫通させると、客席が悲鳴に包まれる。しかし攻撃の手は緩めない。

注射器が刺さったままの小林さんに、さらなる追撃を浴びせてドラゴンスプラッシュ！攻撃のダメージに加えて、塩で脱水状態になっていたこともあって、さすがの小林さんも肩を上げることはできず、自分はこれが6度目となるデスマッチ王者に返り咲いた。

他団体だろうがフリーだろうが大日本だよ

試合後にコメントを出すと、すぐに塩を洗い流すためにシャワーを浴びたため、メインのストロングヘビー級選手権は、後半戦しか観ることができなかったが、両国国技館大会のメインにふさわしい、素晴らしい試合の末に岡林が大介を下して新王者となった。

メイン終了後、その後の大日本両国大会でも恒例となる、出場選手が総登場してのカーテンコールが始まった。

リングの最前列にはデスマッチ王者の自分と、ストロングヘビー級王者の岡林。岡林は初のシングル王座奪取だった。

その後ろにはタッグ王者の石川修司と佐藤耕平のツインタワーズ。さらにこの大会で横浜ショッピングストリート6人タッグ王座を、御年73歳にして奪取した奪取したグレート小鹿会長が、パートナーの星野勘九郎と稲葉雅人を従えて並ぶ。

そして花道から入場ゲートに居並ぶ、この日の出場選手たち。所属選手はもちろんのこと、苦しい時も大日本を支えてくれた、他団体やフリーの選手たち。彼らの力もあったからこそ、大日本はこの両国大会に辿り着くことができた。

登坂社長は以前から、「大日本のために一生懸命に闘ってくれる選手は、他団体だろうがフリーだろうが大日本だよ」と言ってきた。

大日本に出場する際は、いつも大日魂のリストバンドを着用しているイサミは、大日魂とは選手やファンを引き寄せる磁場と表現した。

大日本は所属選手やスタッフはもちろん、所属外の参戦選手や応援してくれるファンの皆さんも含めて、本当に人に恵まれた団体だと思う。

そんなことを再認識したこの両国大会で、自分たちのデスマッチ選手権が、どのような評価を受けたのか？　それはこの大会を観戦してくれた、一人一人のファンの皆さんの胸の中に答えがある。

ただ、蛍光灯やガラスが使用できなくても、両国のメインにふさわしいデスマッチができる自信が、自分の中に生まれていた。だから、取り戻したばかりのこのベルトを、次の両国大会まで守り抜くことができれば、翌年はメインを奪ってやろうと決意していた。ストロングＢＪも凄いが、だからこそデスマッチも負けてはいられない。他団体にはない大日本の強みと魅力は、この両極端な二つの車輪が、競い合いながら回り続けていることなのだ。

こうして両国大会を大成功で終えた大日本は、８月16日と17日に後楽園の連戦を控えていた。こちらも20周年記念の大会ということで、まずは17日のメインで岡林裕二対アブドーラ・小林の、通常ルールによるシングル初対決が決まる。

そして16日のメインで自分が要求したのは、関本大介との蛍光灯デスマッチでの一騎打ちだった。王者に返り咲いた自分だったが、ベルトは賭けなかった。いや、自分と大介にとっては、むしろベルトを賭けてはならない試合だったのだ。

攻撃を全て受けきって勝たねば意味がない

大日本ではデスマッチファイターとストロングＢＪの選手が、シングルで対戦する機会は非常に少ない。自分と大介のシングルも13年以上行われていなかった。

ただ、大介がデスマッチをやっていた時期に、当時は自分が王者だったデスマッチ選手権を賭けて、対戦するチャンスが2度あった。しかし、2004年は非道選手、そして2005年は小林さんとの挑戦者決定戦に敗れた大介は、いずれも自分に挑戦することができなかった。

自身の敗北によって、2度も自分との対戦のチャンスを逃したことは、大介の心の中に大きなしこりを残し続けていたようだ。実際、一緒に飲んでいる時に、「自分は伊東さんと最後のデスマッチをやらなきゃいけないんです!」と、酔った大介から言われたこともあった。

自分の方には断る理由などない。ただ、ストロングBJを牽引する大介は、自分の希望だけではデスマッチができない、重い責任を背負う立場になっていた。いわんやチャンピオンであればなおさらだ。

とはいえ、お互いに何度か怪我による欠場も経験して、全力で闘うことができる時間には、限りがあることも理解していた。だから自分の方でもずっとタイミングを窺っていたのだが、両国大会で大介がストロングBJ王座を失った瞬間に決心がついた。

ベルトを失ったことで、大介の責任が少し軽くなったこの時を逃したら、デスマッチで対戦できるチャンスは、何年先になるかわからない。いや、二度と来ないかもしれない。

そんな自分の思いが伝わっていたのだろう。大介は対戦要求を受けてくれた。自分が王者に返り咲いたばかりだったので、デスマッチ王座を賭けての対戦を望む声もあった。しかし自分と大介が闘うのは、デスマッチ最強を決めるためではない。大介にとって最後のデスマッチである以上、むしろベルトは賭けてはならない試合だったのだ。

ただノンタイトル戦とはいえ、王者である自分の負けは、絶対に許されない試合でもあった。デスマッチはほぼ10年ぶりである大介に、王者の自分が負ければタイトルの権威が揺らぐ。しかも大介にとっては最後のデスマッチなので、リベンジのチャンスもない一発勝負なのだ。

そして迎えた8月16日の後楽園大会は、超満員札止めのお客さんで埋め尽くされた。自分と大介、最初で最後のデスマッチでの一騎打ちは、蛍光灯200本デスマッチで行われた。

試合序盤、久しぶりに蛍光灯の痛みを味わった大介は、すぐに反撃することができなかった。さすがの大介にとっても、デスマッチを離れてから10年近くのブランクは大きかったようだ。

しかし、当然のようにそのまま終わるはずのない試合だった。大介とは年に何度かはタッグマッチなどで当たっていたので、以前よりもはるかに強くなっていることは知っていた。しかし、シングルでは大介の強烈な攻撃を、自分一人で全て受けなければならない。

しかも試合が進むにつれて、デスマッチ勘を取り戻してきた大介は、蛍光灯を使った攻撃も繰り出し始める。ただでも強力な大介の攻撃に、蛍光灯が加わってくるのだから、その威力は凄まじいものだった。

それでも自分はあくまで真っ向勝負で、大介に立ち向かった。

大介の攻撃をかわしながら、デスマッチならではのテクニックを駆使すれば、もっと優勢に試合を進めることはできたし、勝利の可能性が格段に上がることもわかっていた。しかし相手が大介だからこそ、全ての攻撃を受けきった上で、勝たねば意味のない試合だった。

幾多の強敵を下してきた、大介のジャーマンが決まる。久しぶりの衝撃に意識が遠のいたが、それでもカウント3直前で肩が上がった。辛うじて立ち上がって反撃に転じようとするが、今度はラリアットで吹っ飛ばされる。

強い、本当に強い！

追撃を狙う大介がコーナーに上がる。気力を振り絞って立ち上がり、蛍光灯で殴って阻止すると、反撃してくる大介にとっては初経験となる、右ストレートを2連打で打ち込む。

これでようやく勢いが落ちた大介を一気に攻め込み、巨大蛍光灯束をセットしてのドラゴンスプラッシュ！

返されたら勝ち目はなかったが、レフェリーの手はマットを3度叩いた。

久しぶりに闘って確信したが、大介はデスマッチファイターとしても超一流だった。もしも再びデスマッチを始めれば、必ずチャンピオンになったはずだ。

しかし、それは大介が望むことでも、やるべきことでもなかった。心の中に残っていたしこりを、この試合で消し去った大介は、さらに強くなってストロングＢＪを牽引していくはずだ。そして自分は王者としてデスマッチを引っ張って行かねばならない。

試合後、自分はマイクでこう叫んだ。

「大日本プロレスを世界一の団体にします！」

初めて王者になった時から、何度となく口にしてきた誓いだったが、大介との試合を終えたばかりだったこの時は、ひときわ声に自信が満ちていたと思う。

台頭してきたデスマッチ第5世代の挑戦

6度目の王者返り咲きを果たした自分は、過去にデスマッチ選手権で闘ったことがない、若い選手を相手に防衛戦を行っていきたいと考えていた。

もちろん楽がしたかったワケではない。元王者であっても、然るべき結果を出した選手が挑んでくれれば、当然のように受けて立つつもりだったし、実際に8月30日の名古屋大会で行われた、初防衛戦の相手は宮本だった。

この前年あたりからデスマッチ第5世代と呼ばれる、若い世代の選手たちが台頭しつつあったが、自分は彼らとはデスマッチ王座を賭けて闘ったことがなかった。せっかく王者になったのだから、彼らの勢いをタイトルマッチで体感したかったのだ。

さて、第5世代がいるということは、当然のように第1から第4世代も存在する。

まず第1世代は大仁田厚、ターザン後藤、ミスター・ポーゴ、松永光弘といった、FMWやW☆INGでデスマッチを始めたレジェンドたち。

続く第2世代は大日本でデスマッチ新世代と呼ばれた、山川竜司、本間朋晃、シャドウWX、ジ・ウィンガーといった先輩たち。

第3世代は伊東竜二と、その前後にデスマッチを始めた佐々木貴や〝黒天使〟沼澤邪鬼たち。自分の感覚では葛西さんと小林さんも、この世代に含まれる。

第4世代は宮本裕向、木高イサミから星野勘九郎や竹田誠志あたりまで。

そして第5世代は2010年代に入ってデスマッチを始めた、塚本拓海、関根龍一、稲葉雅人、高橋匡哉、植木嵩行といった選手たち。自分が6度目の王者に返り咲いた頃は、彼らの多くはまだ20代だった。

そんな第5世代から最初に挑んできたのは関根。体は小さいが勢いに乗った時の爆発力は凄まじく、この年の一騎当千ではフォール負けを奪われていた。すでにキャリア10年を越えているが、絶対的な勝ちパターンさえ身に付ければ、まだまだ大化けの可能性がある選手だ。

3度目の防衛戦の相手となった稲葉は、会社の指名による挑戦だった。身長も高く運動能力にも恵まれ、素材的には第5世代の中でも最高レベルの選手で、会社もそんな才能に期待しての抜擢《ばってき》だった。しかし惜しむらくはプロレスラーとしては、性格が大人し過ぎた上に欲に欠けて、せっかくの才能を開花させることができなかった。

4度目の防衛戦で闘った稲松は、第4世代の選手だったが、自分とデスマッチ王座を賭けて闘ったのはこれが初めて。性格もプロレスも無骨で不器用だったが、とびきりの根性の持ち主で、闘っていて非常に気持ちのいい選手だった。

こうして4度の防衛に成功した自分は、2016年5月5日の横浜文体で、高橋匡哉を相手に5度目の防衛戦を行う。

TAJIRIさん率いるWNC（レスリング・ニュー・クラッシック）でデビューした高橋は、身長こそ低かったがパワーと運動能力を兼ね備え、第5世代の中では頭一つ抜けた存在だった。実際、かなりの苦戦を強いられたし、次に対戦したらヤバイと本気で危機感を抱いたのは、第５世代では高橋が初めてだった。

こうして５度目の防衛に成功して、７月24日に開催される両国大会に、デスマッチ王者として出場することが確定した自分は、試合後にある提案を行った。

今年の両国のメインはファンに選んでもらう。

それはすなわち、ストロングＢＪに対するデスマッチからの、そして王者である自分からの挑戦状だった。

絶対に壊れない男を挑戦者に立てる

２０１６年５月30日に開催された後楽園大会で、自分は宮本、イサミとのトリオで、星野&稲松&高橋組と蛍光灯デスマッチで対戦。試合は自分が星野からドラゴンスプラッシュで３カウントを奪取。敢えて差を見せつけての完勝だった。

その試合後、自分は７月24日の両国大会で行われる、デスマッチ選手権の挑戦者に星野を指名した。

星野コールも起こったが、全体的には微妙な空気が会場を包む。無理もあるまい。ついさっき完敗を喫したばかりの星野が、よりによって両国大会という大舞台での、デスマッチ選手権の挑戦者に指名されたのだから。しかし、そんな反応も自分にとっては想定内のことだった。

両国大会で星野を挑戦者に指名することは、横浜文体で高橋を下して防衛に成功した時点で、半ば心の中で決めていたことだった。意外に思われる方も多いかもしれないが、最大の理由は星野勘九郎というプロレスラーの素質を、非常に高く評価していたからだ。

自分よりも1歳年長の星野が、ガロガという団体でデビューしたのは30歳の時。その前にはキックボクサーとして、数試合を行っていたそうだが、プロレスラーとしてはかなり遅いデビューだ。

しかし、そんな年齢的ハンデを自覚していた星野は、人一倍の努力を続けた。とりわけ地道な鍛錬で身に着けた基礎体力は素晴らしく、今でも腕立て伏せや腹筋といった基礎体力練習では、若手や新人を上回る回数をこなしてみせる。

身長はあまり高くないものの、鍛え上げた肉体は100キロを越え、しかも見かけによらないスピードの持ち主でもあった。

そんな星野の最大の武器は、G-SHOCKボディの異名を持つ、人並み外れた体の頑丈さ。自分は新しい技や攻撃を考えついた時は、まず最初に星野を相手に試すことが多かった。どんな無茶な攻撃をしても、星野なら絶対に壊れないという信頼があったからだ。とはいえ、観客の反応からも明らかだったように、この時点での星野は両国での挑戦者としては、まだ力不足だったことも事実だ。しかし、そんな星野を両国大会までの2カ月弱で、徹底的に追い込み鍛え上げることで、最強の挑戦者に育て上げる。

それがこの年の両国大会に向けて、自分が内心で掲げていたテーマだった。もちろん、その上で勝って防衛するのは自分だ。

なお、横浜文体での自分の提案が通り、この年の両国のメインはファン投票によって、デスマッチとストロングヘビーで争われることとなった。

ちなみにこの年はストロングBJで争われた一騎当千には、佐藤耕平、鈴木秀樹、真田聖也（現SANADA）、浜亮太、そしてこの年明けから大日本所属となった橋本大地といった、豪華な初出場選手たちが参戦。過去最高の盛り上がりを見せた末に、決勝戦で神谷英慶を下した石川修司が優勝していた。

その石川を大激戦の末に横浜文体で下した岡林が、王者として両国で挑戦者を迎え撃つことが決まっていた。

悔しいが勢いは一騎当千の盛り上がりもあって、デスマッチよりもストロングBJが勝っていた。両国のメインを決めるファン投票でも、その勢いの差は票数に反映されるだろう。

だからこそ両国までの2カ月弱で、星野を最強の挑戦者に鍛え上げ、自分とのデスマッチ選手権を、メインにふさわしいカードに育てなければならなかったのだが……。

何が足りないのか……全部だよ！

6月9日の新木場大会で行われた、ストロングヘビー級王座次期挑戦者決定戦は、一進一退の真っ向勝負の末に神谷が大地を下した。この結果をもって両国のストロングヘビー級選手権は、岡林裕二対神谷英慶に決定する。

当時はキャリア4年で24歳だった神谷は、この年の一騎当千で大介や耕平を、必殺のバックドロップで下して決勝トーナメントに進出。準決勝で鈴木秀樹をリングアウトで下して勝ち上がった決勝戦では、石川に敗れて優勝は逃したものの、岡林からのベルト奪取を十二分に期待できる実力を蓄えていた。

そんな神谷に比べると、デスマッチ王座に挑戦する星野の方は、何度となく前哨戦で対戦したが、手ごたえは今一つ。要するに打っても期待するほど響いてくれないのだ。

もちろん、どの試合でも星野は必死に立ち向かってきた。

しかし、そんなことは当たり前以前の話。自分があの頃の星野に期待し、求めていたのは、自分に心の底からの危機感を抱かせるだけの、当たり前のずっと先にある執念と爆発力だった。

何度闘っても危機感を抱かせてくれない星野に対して、とうとう自分の怒りが爆発してしまう。両国大会まで1カ月を切った6月29日の後楽園大会のメインで、自分と星野は6人タッグで対戦した。

この大会の休憩時間に両国大会のメインを決める、ファン投票の結果が発表された。デスマッチ選手権が6485票でストロングヘビー級選手権が3264票。倍近い票差で自分と星野のデスマッチ選手権が、両国大会のメインで行われることになった。これは自分にとっては1年前に立てた目標の達成だったが、手放しで喜ぶことはできなかった。

デスマッチ選手権にこれだけ多くの票が集まったのは、メインで観たいというニーズとともに、ストロングBJに圧され気味のデスマッチに対する、叱咤や激励の気持ちも込められていたように感じたからだ。

だからこそメインの6人タッグでは、そんなファンの想いに応えるだけの、星野の覚醒を期待していたのだが……。

結果を先に書いてしまえば、自分が星野をドラゴンスプラッシュで仕留めた。集中攻撃を浴びながらも普段以上の踏ん張りを見せた星野だったが、かといって自分が両国で負ける要素は、何一つ見出すことはできなかった。それは試合を観ていた大半のお客さんたちも同じだったと思う。

試合後、マイクを握った自分は、改めて星野に両国のメインで闘う覚悟を問いかけた。するとと星野はこう返してきたのだ。

「くそぉー、くそー…。何が足りないんだ、何が足りねえんだ、クソー!」

何の答えにもなっていない上に、いささか芝居がかった口調に、とうとう怒りが爆発した自分は、星野に対してこう言い放った。

「何が足りないのか教えてやろう、全部だよ! プロレスに対する気持ち、デスマッチに対する気持ち、このベルトに対する気持ち、全部が足りねえんだよ!」

初めてベルトを取った時から、20回以上の防衛戦を行ってきたが、ここまで挑戦者を全否定したのは初めてだった。

しかし、もはや挑戦者も両国での試合順は変更できない。自分にできることは残り1カ月弱で、星野をさらに追い込むことだけだった。

その先にある本当の覚醒に期待して……。

10回闘って1回しか勝てない実力

両国大会のデスマッチ選手権の試合形式は、星野の提案によりスキャフォールドGショックデスマッチに決定した。

リング内に巨大な足場を作るスキャフォールドデスマッチでは、かつて自分は小林さんからベルトを奪われたことがある。さらに鉄階段やブロックといった、刺さったり切れたりはしないものの、固くて重いアイテムを使用するGショックデスマッチは、星野の代名詞的な試合形式だ。

一見すると星野に有利な試合形式のようにも見える。実際、星野も考えに考えた末に、勝利の可能性を上げるべく、この試合形式を提案したのだろう。

ただ、高さを利用した攻撃が可能となるスキャフォールドには、まったく苦手意識はなかった。またGショックにしても、星野はこの試合形式で大事な試合に何度も負けていた。だから本人が思っているほど、星野にとって有利な試合形式ではなかったのだ。

ちなみに後楽園での容赦ないダメ出しが効いたのか、両国大会までの前哨戦では、星野から徐々に手応えを感じるようになってはいたが、それでも一度もフォールを奪われなかったし、切迫した危機感を感じることもなかった。

そして迎えた7月24日の両国国技館大会。

セミファイナルでは25分を越える激戦の末に、神谷が岡林を破りストロングヘビー級王座を奪取した。複雑な家庭環境で育ち、プロレス入りまで大変な苦労をしてきた神谷の王座奪取は、自分にとっても非常に喜ばしいことだった。

セミの熱気の余韻が残るリングに足場が組み立てられ、ブロックをはじめとするアイテムが運び込まれる。

自分にとっても星野にとっても、初経験となる両国国技館のメインのデスマッチ選手権は、自分の容赦ない攻勢で幕を開けた。

竹刀《しない》で乱打し、ブロックや机を星野の肉体で次々と破壊していく。メインの重責を背負っての試合ではあったが、星野から気迫や執念が感じられなければ、短時間で一気に叩き潰すつもりだった。

試合開始から5分くらいは自分の一方的な攻勢が続いたが、耐え抜いた星野も反撃に転じる。そして、星野の挑発に応じて足場の上へ。しかし、この試合形式の経験は自分の方が星野をはるかに上回る。

足場上での攻防を制すると、フランケンシュタイナーで投げ落とした。後で映像を見たら、星野はあわやコーナーにぶつかるくらいの、凄まじい距離を吹っ飛んでいた。自分にとっても決死の捨て身技だったが、幸いダメージは思ったより少ない。

勝負に出た自分は25キロの塩を星野に浴びせ、さらに前年の両国大会で小林さんの頬を貫通させた、注射器を取り出す。期待していたほどの手応えがない星野に、一気にトドメを刺すつもりだった。

ところが反撃の塩を浴びた上に注射器を奪われて、逆に頬を貫通させられてしまった。ここで自分は大きな判断ミスをしてしまう。抜く気になれば抜けた注射器を、頬に刺したまま試合を続けてしまったのだ。

星野に精神的な圧力をかける狙いもあったし、前年に注射器が刺さったまま、最後まで闘い抜いた小林さんに対する意地もあった。しかし口の中に残った注射器によって、口が開いたままになり呼吸が乱れてきた。しかもたっぷりと浴びた塩が、体内からどんどん水分を奪っていく。

そして勝負を賭けた足場上の攻防に。ここで勘九郎カッター（高速の大外刈り）を食らった自分は転落。そこに星野が足場からのダイビング・セントーンを投下。

コーナーからのセントーンは何度か食ったことがあったが、高さ2メートル半からの一発は初経験だった。

ただでも乱れていた息が、凄まじい落下の衝撃で完全に詰まってしまい、必死にもがいたが肩を上げることはできなかった。

挑戦者に指名した時の星野は、自分と10回闘っても1回しか勝てないくらいの実力だった。しかし、自分との前哨戦を通じて叩きのめされ、極限まで追い込まれたことによって、この試合の時点で10回に1回が、5回に1回くらいまでは強くなっていた。

その5回に1回を星野は両国という大舞台で勝ち取ったのだ。自分が金村キンタロー選手に勝って、初めてデスマッチ王者になった時のように。

こうして自分は星野に敗れて、6度目の王座から転落した。試合後、ようやく頬に刺さった注射器を引き抜いた自分は、マイクを握ってこう宣言した。

「伊東竜二、デスマッチファイターとして13年、6度巻いたベルトを落としてしまいました。しかーし、それは7回目のベルトを巻くチャンスが訪れたんだと思います」

それは決して負け惜しみでも強がりでもなかった。

一騎当千ブロック敗退でプランは白紙に

デスマッチ王者となった星野は8月に小林さん、9月に高橋、そして11月にイサミを下して3度の防衛に成功していた。元王者である小林さんとイサミ、そして第5世代最強の高橋を、3カ月の間に連破したのだから、星野は王者として立派に闘っていた。

そんな星野を12月の横浜文体で下し、小林さんが4度目の王者返り咲きを果たす。

実は小林さん、一度負けた王者に再び挑んだ時はやたら強い。というか、その前の3度の王座奪取も、全てが一度挑戦して敗れた王者からのベルト奪取だった。恥ずかしながら、そのうちの2回は自分だ。

こうして小林さんがデスマッチ王者で始まった2017年は、一騎当千がデスマッチファイターで争われる年だった。3月5日に開幕する一騎当千に優勝すれば、5月5日の横浜文体で小林さんに挑戦できる。当然のように自分の当面の目標は、一騎当千の優勝に絞られた。

ところが初戦のイサミ戦に敗れ、その後は3連勝したものの、最終戦でFREEDOMSから初参戦していた、吹本賢児にも敗れてしまう。自分のブロックは1位がイサミ。自分と吹本は同点2位だったが、直接対決で敗れた自分は、決勝トーナメントに出場できなかった。

この時点で自分が年頭に描いた、一騎当千に優勝して横浜文体で王座返り咲きというプランは白紙となる。さすがに落ち込んでしまったが、こういう時に変な焦りは禁物で、少し引いたポジションから全体の流れを見ることにした。

4月8日の札幌大会で行われた一騎当千の決勝戦は、同大会で行われた準決勝を制したイサミと高橋が激突。

高橋が必殺のジャックハマーでイサミを撃破して初優勝を果たした。

勢いに乗る高橋は5月5日の横浜文体で、小林さんのデスマッチ王座に挑戦。165キロまで増量した小林さんの巨体に、五寸釘ボードへのジャックハマーを決めて、高橋が第5世代では初めてのデスマッチ王者となった。

新王者となった高橋は、6月10日の札幌大会で塚本拓海を下して初防衛に成功すると、7月17日の両国国技館大会の挑戦者に、血みどろブラザースの相棒である、植木嵩行を指名する。

一方、この大会の第5試合でコンビを組んだ自分と小林さんは、植木&佐久田組を下した試合後に、両国大会で大介&岡林組が保持する、タッグ王座への挑戦をぶち上げた。

小林さんは4度タッグ王者になったことがあったが、大介と組んで最後にベルトを巻いたのは10年以上前。自分に至っては初めてデスマッチ王者になった年に、非道選手とのコンビで一度だけタッグ王者になったが、在位期間はたったの4日間だった。

そんな我々のタッグ王座への挑戦表明を、唐突に感じた人も多かっただろう。しかし、これは考え抜いた末に決断した、自分と小林さんにとって未経験のチャレンジだった。

今度は通常ルールでという思いを抱く

二丁拳銃がツインタワーズにタッグ王座を奪われた2014年以降、タッグ戦線はずっとストロングBJのチームで争われてきた。この間に二丁拳銃や高橋&植木組が挑戦したが、いずれもベルトを奪うことはできなかった。

ならば自分と小林さんでベルトをデスマッチに取り戻し、久しぶりにタッグ王座を血で染めてやろうというのが理由の一つ。

そしてもう一つはストロングBJを代表する大介&岡林組に、ベテランのデスマッチファイターである、自分と小林さんが挑むことで、新たな大日本の可能性を切り拓いてみたかったのだ。

さらに個人的には、前年に大介とデスマッチで対戦した後から、今度は通常ルールで大介と闘いたいという思いを抱いていた。小林さんも前年の8月に、岡林と通常ルールでの一騎打ちを行って以来、ストロングBJとの直接対決に対して、ずっと思うところがあったようだ。

そんな自分と小林さんに待ったをかけたのが、自分たちの2試合前の試合後に、タッグ王座挑戦を表明していた、宮本とイサミの二丁拳銃。王者返り咲きをずっと狙っていた彼らにしてみれば、降って湧いたような自分たちの挑戦アピールを、黙って見過ごすことができないのも当然だった。

かくして自分と小林さんは、両国大会でのタッグ王座挑戦権を賭けて、6月28日の後楽園大会で二丁拳銃と対戦。タイトルマッチ本番は通常ルールで行われるが、挑戦者チーム決定戦は敢えて五寸釘ボード&蛍光灯デスマッチで争った。

なぜならこの試合は、デスマッチの代表チームを決める一戦でもあったからだ。

試合は自分と小林さんの劣勢が続いたが、それは試合前から予想していたことだった。幾多のタイトルマッチを経験してきた二丁拳銃に対して、自分と小林さんはチーム名さえない名なしコンビ。連係では明らかに劣る上に、デスマッチでは2人がかりの攻撃も許される。小林さんが攻められ続け、ようやく交代したと思ったら、今度は自分が集中攻撃を浴びる展開が続く。

それでも自分たちには勝算があった。まず、自分と小林さんは6人タッグも含めれば、チームを組んだ経験は二丁拳銃に負けないくらいに積み重ねていた。つまり多くの人が思っていたほど、急造のにわかチームではなかったのだ。

しかも、自分たちは二丁拳銃というチームの攻撃パターンを知っているが、彼らはコンビとしての自分たちをよく知らなかった。そして自分と小林さんには、連打で決めることができれば、確実に勝利につなぐことができる必殺の連係攻撃があった。

試合開始から15分過ぎ、宮本の攻撃を切り返した小林さんが、五寸釘ボードへの回転エビ固めを決める。ここから一気に勝負に出た。イサミのカットを阻みながら、宮本に集中攻撃を浴びせると、まずは自分がドラゴンスプラッシュを投下。

しかし敢えてフォールには行かない。続いて間髪入れずに小林さんが、コーナーからのダイビング・バカチンガーエルボーを落とす。さすがの宮本もこの強烈な連打は、肩を上げることはできなかった。

解説するとドラゴンスプラッシュが先だったのは、自分の方がコーナーに登るスピードが速いから。この連続攻撃は間髪入れず決めることで、より大きなダメージを与えることができる。だから自分はドラゴンスプラッシュの後に、フォールに行かなかったのだ。

この勝利によって自分と小林さんは、両国大会でのタッグ王座挑戦権を勝ち取った。

ちなみにこの年の両国メインを決めるファン投票は、前年までのデスマッチとストロングヘビーに、タッグ王座と横浜ショッピングストリート6人タッグ王座も対象となっていた。この大会の休憩時間に発表された結果は、高橋対植木のデスマッチ選手権が1

位で、自分たちが挑戦するタッグ選手権は2位。

どうせなら2年連続のメインに立ちたい気持ちもあったが、若い高橋と植木のデスマッチ選手権が、多くの期待を集めたのは、大日本にとっては喜ばしいことだった。結果として試合順はセミファイナルとなったが、それでもタッグ王座挑戦を決めた自分と小林さんは、過去2回に負けないくらいに気合い満々で、２０１７年の両国大会に臨もうとしていた。

なぜなら両国で行われるタッグ選手権は、通常ルールで争われるからこそ、デスマッチファイターとして闘ってきた、自分と小林さんのプロレス人生が問われる一戦だったからだ。

石に噛り付き耐え抜いた末に得たもの

両国大会でのタッグ選手権挑戦が決まった時、自分と小林さんの王座奪取を予想した人は、極めて少数派だったはずである。

無理もあるまい。王者チームの大介&岡林組は、この前年には全日本プロレスの世界タッグ王座も奪取しており、プロレス大賞のベストタッグチーム賞を2度受賞。誰疑うことのない日本屈指のタッグチームだ。

対する自分と小林さんは、ベルトに挑戦するのは初めてで、挑戦者決定戦で二丁拳銃に勝った以外は、実績らしい実績もないコンビだった。しかもタイトルマッチは通常ルールで行われる。

普通に考えれば自分たちの勝ち目は、極めて薄い試合だった。だからこそ自分と小林さんは、大介と岡林に勝たねばならなかった。自分たちが闘おうとしていたのは、デスマッチファイターが通常ルールで闘えば、ストロングＢＪの選手には勝てないという、常識でもあったからだ。

一方、挑戦を受ける大介と岡林にとっては、通常ルールだからこそ絶対に負けられない試合だった。そういう意味では両国のタッグ選手権は、常識を打ち壊そうとする自分と小林さんが、常識を守ろうとする大介と岡林に挑む闘いでもあった。

しかし極めて薄いとはいえ、決して自分たちに勝ち目が皆無の試合ではなかった。二丁拳銃との挑戦者決定戦でフィニッシュになった、ドラゴンスプラッシュとバカチンガーエルボーの連打さえ決めることができれば、相手が大介や岡林でもフォールを奪うことは可能だ。

ただ問題はどうやって、そこまで持ち込むことができるか？

自分と小林さんが考え抜いた末に出した答えは、石に噛り付いでも耐え抜くしかない！だった。いささか具体性には欠ける作戦ではあったが、その大前提を抜きにしての、自分たちの勝利はあり得なかった。

実際、両国でのタッグ選手権は、自分たちが石に噛り付くように、耐え続ける展開が続いた。

何しろ相手は人並み外れたパワーの持ち主の大介と岡林。165キロの小林さんが何度となく持ち上げられては、マットに叩きつけられてしまう。いわんや95キロの自分など、ほとんどオモチャ扱いだ。

それでも誤爆を誘って反撃に転じたが、攻め切ることができず再び主導権を奪われてしまう。集中攻撃を受ける小林さんを救うべく、カットに入った自分のバックを大介が奪う。ジャーマンが来ると思って踏ん張ると、自分のバックを奪った大介を、さらに岡林がジャーマンで放り投げた。

眉山！

いわゆる二段式のジャーマン・スープレックス。この合体攻撃を初めて見た時から、絶対に食らいたくないと思ってきたが、とうとう自分が餌食になってしまった。あり得ない勢いと高さで叩きつけられた自分は、そのまま場外に転がり落ちた。

どうにか起き上がった時に目に入ったのは、小林さんにトドメを刺すべくコーナーに上がる岡林の姿。とっさに近くにあった椅子を投げて阻止する。こういう攻撃はできるだけ使いたくなかったが、あそこで椅子を投げなければ、岡林のゴーレム・スプラッシュが決まって、試合は終わっていただろう。

すぐにリングに戻ってコーナー上の岡林に、2人がかりの雪崩式ブレーンバスター。さらに大介も2人がかりで攻め込んで、場外に落とすと自分がプランチャで追い打ち。1対1になったリング上では、小林さんが岡林に一気にラッシュをかける。

勝負に出た小林さんはコーナーからのバカチンガーエルボーを投下。これは返されてしまったが、直後に自分がドラゴンスプラッシュ。すぐに立ち上がってリングに入ろうとする大介を押さえる。そして小林さんが再度のバカチンガーエルボー！

必死に大介を押さえる自分の耳に、レフェリーの手がマットを3度叩く音が聞こえた。勝った！

日本屈指のタッグチームである大介と岡林のコンビに、自分と小林さんが勝ってベルトを奪った。まさに石に噛り付いて耐え抜いた末の勝利だった。

前の年に星野が自分から挙げたのが、5回に一度の勝利だったとすれば、この日の自分と小林さんの勝利は10回に一度、いや100回に一度の勝利だったかもしれない。それくらいに大介と岡林は強かった。

しかし、そんな大介と岡林に勝つために、自分と小林さんは必死に考え、限界を越えて耐え抜き、死に物狂いで闘った。

その結果として100回に一度の勝利を掴み取ったのだ。

自分も小林さんもこの試合の時点で41歳。それでも、まだまだこうして必死になることができる。不可能と思われていることを、実現することもできる。

ともあれ久しぶりに巻いたタッグのベルトを守りながら、7度目のデスマッチ王座返り咲きを狙おう。

落ち着いてしまうのは、まだまだ先のことになりそうだ。

何しろ自分の目の前には、やりたいこと、やらねばならないことが山のようにあるのだから。

後書きにかえての近況報告

２０１９年は自分のデビュー20周年ということで、こうして自伝を書く機会をいただいた。さて、本編は２０１７年で終わっているので、その後の自分の状況をざっと書いておこう。

まず本編の最後で小林さんと奪取したタッグ王座は、３度の防衛に成功した後に、２０１８年１月に竹田誠志＆塚本拓海組に奪われてしまった。デスマッチ王座のほうは２０１８年９月に竹田、２０１９年１月に高橋匡哉に挑んだものの、いずれも敗れて７度目の王者返り咲きを果たすことはできなかった。

気が付けば両国で星野に負けて、６度目の王座を失ってから、もう３年以上の月日が流れてしまった。

一昔前の自分ならば焦ったり、「俺も弱くなっちゃったのかな……」と落ち込んだかもしれない。しかし自分は焦りも落ち込みもせず、今も７度目の王者返り咲きを虎視《こし》眈々《たんたん》と狙っている。

これは昔に比べると、自分のプロレス人生に対する考えが、根本的に変わってしまったことが大きい。

数年前から自分は機会がある度に、「目標はグレート小鹿会長の年齢まで、リングに上がり続けることです」と発言している。自分と小鹿会長の年齢差は34歳。ご存知のように小鹿会長は元気にリングに上がり続けており、自分の目標の実現はずっと34年先のままだ。でも、小鹿会長からはまだまだ学ぶことが多いし、ずっと元気でいて欲しいので、目標の実現はこれからもずっと34年先であり続けて欲しいとも願っている。

この先34年と考えれば、デビュー20周年の現在でさえ、まだ道半ばにも至っていない。ならばベルトを巻いていない3年余りなど、長いプロレス人生の中ではほんのわずかな期間だ。

もちろんこの先34年の現役生活は、あくまで目標である。その間には体も衰えてくるだろうし、大きな怪我をすることもあるかもしれない。

ドラゴンスプラッシュとムーンサルト・プレスができなくなった時、おそらく自分は現役を続行するべきか悩むことだろう。

その時には伊東竜二というプロレスラーの在り方が、根本的に問われることになるからだ。

もしかしたらその時に引退を決意するかもしれない。その一方でその頃には、ドラゴンスプラッシュもムーンサルトも必要としない、伊東竜二になっているかもしれない。そんな伊東竜二は誰よりも自分が見てみたい。

この本を書いていてつくづく思ったが、10年先、いや5年先でさえ未来は想像がつかないものだ。

例えば、大日本所属選手の退団や引退が相次いだ2014年から、今年で5年が過ぎた。一時は小鹿会長を含めても13人まで減った所属選手は、5年の間に毎年新人がデビューし、他団体でデビューした選手も次々と入団して、遠からず30人を越えそうな勢いだ。

たった5年でこんなことが起きたのだから、5年先のことなど想像もできない。いわんや2001年の横浜アリーナ後の低迷期に、誰がこんな大日本の未来を想像しただろう。

だから自分自身も大日本も、より良い5年、10年後を目指して、これからも精一杯の日々を重ねていくだけだ。

さて、お読みになって頂いた通り、この本は自分の自伝であると同時に、デスマッチ側から見た大日本プロレスの歴史でもある。そして2年前に同じワニブックスさんから出版された、関本大介自伝『劣等感』は、ストロングＢＪ側から見た大日本の歴史でもある。

　この本を読んで興味を抱いてくれた方は、『劣等感』も併せて読んで頂ければ、大日本プロレスという団体を、より深く知って頂くことができることだろう。

　ともあれ、まだまだプロレス人生道半ばにも至っていない伊東竜二、そして日々刻々と変化成長していく大日本プロレスを、これからも末永く応援して頂けることを願いながら、筆をおきたいと思う。

　デスマッチ・ドラゴンは死なない――。

２０１９年12月吉日　伊東竜二

伊東竜二《いとうりゅうじ》

1976年4月8日生まれ。岩手県岩手郡滝沢村（現・滝沢市）出身。高校時代はボクシング部に所属。茨城大学工学部に進学するも、幼少期からの憧れであったプロレスラーを目指して大日本プロレスに入団。

1999年4月29日の葛西純戦でデビューを果たす。

2003年5月に初デスマッチを闘い、3カ月後にはＢＪＷ認定デスマッチヘビーを初戴冠。アブドーラ・小林、沼澤邪鬼、佐々木貴らと激闘を重ねる。

2009年の葛西純とのデスマッチでは高い評価を得て、この年のプロレス大賞の年間最高試合を受賞。日本プロレス界の〝デスマッチ・キング〟へと飛躍を遂げた。

その後もストロング路線を引っ張った関本大介とともに大日本の危機を幾度となく救い、活況を呈する近年へと歴史をつなげた。

2019年にデビュー20周年を迎えたが、「目標はグレート小鹿会長の年齢まで、リングに上がり続けることです」と公言。団体を支えてきた〝魂〟を胸に、死闘を繰り広げている。

デスマッチ・ドラゴンは死なない

著者　伊東竜二（いとう りゅうじ）

2020年1月10日　初版発行

構成　須山浩継
写真　芹澤裕介
装丁　森田直／積田野麦（FROG KING STUDIO）
校正　大熊真一（編集室ロスタイム）
協力　菅野徹
編集　岩尾雅彦（ワニブックス）

発行者　横内正昭
編集人　青柳有紀
発行所　株式会社ワニブックス
〒150-8482
東京都渋谷区恵比寿4-4-9えびす大黒ビル
電話　03-5449-2711（代表）
03-5449-2716（編集部）
ワニブックスHP　http://www.wani.co.jp/
WANI BOOKOUT　http://www.wanibookout.com/

印刷所　大日本印刷株式会社
DTP　株式会社 三協美術
製本所　ナショナル製本

ISBN 978-4-8470-9867-3